사십구재

신행·문화

사십구재

구미래

민족사

시리즈를 펴내며

　메마른 대지에서 꽃을 피우는 것은 물과 자양분과 정성이다. 내 영혼은 독서와 글쓰기, 그리고 깊은 사색과 명상을 통해 작은 꽃을 피운다.
　불교는 인류의 역사와 함께하면서 갈 길 몰라 방황하는 이들에게 삶의 이정표를 심어 주었고, 외롭고 고독하며 아프고 슬픈 이들에게 마음의 안정과 평화를 심어 왔다. 삭막한 영혼에 물과 바람과 햇빛을 쬐어 주고 정성을 기울여 꽃을 피우게 했던 것이다.
　이제 서양 사람들이 본격적으로 불교에 눈뜨기 시작했다. 서양의 지성들은 불교에서 새로운 자양분을 흠뻑 마시고 있다. 머지않아 불교가 전 지구적 가르침으로 고동칠 것임이 분명하다. 불교는 불교도만의 것이 아니라 이 시대의 모든 사람들의 것이다. 불교는 오늘날의 역사와 문화, 인류와 함께할 것이다.
　이 시리즈에서는 분야별·주제별로 불교의 다양한 가르침을 전하고,

알기 쉬우면서도 깊이 있게 불교가 전하고자 하는 메시지를 담아내고자 한다. 그리고 구체적이면서 실용적인 지침을 주고자 한다.

이 작은 책을 간편하게 지니고 다니면서 지하철에서, 혹은 길을 가다가, 혹은 누구를 기다리면서 읽고 사색하며 영혼을 살찌울 수 있다면 얼마나 인생이 아름답고 값질 것인가? 얼마나 삶의 질이 다채롭고 깊어질 것인가?

사상과 문화의 물꼬를 터온 민족사에서 '**내 영혼의 작은 책**' 시리즈를 펴내면서 21세기 불교 교리와 수행, 문화와 의식 전반을 이 시대를 살아가는 사람들에게 제시하여 영혼을 살찌우려 한다.

그래서 그런 영혼의 힘이 고독과 허무, 아픔과 좌절, 정신적 빈곤과 경직된 사고를 뛰어넘어 시대와 역사, 사람과 인류, 자연과 세계에 소통하여 아름다운 한 떨기 꽃을 피우련다.

머리말

대부분의 문화권에서 죽음과 관련된 의례는, 주검의 처리라는 물리적 이별과 함께 영혼을 제대로 떠나보내기 위한 장치를 마련해 놓고 있습니다. 죽음을 맞은 유족과 망자가 각기 일상과 저승으로 잘 돌아서기 위해서는 적절한 완충지대가 필요하기 때문입니다. 예전에는 장례를 치른 후에도 탈상을 하기까지 상喪에 머무는居 거상의 단계가 있었고, 넋굿으로써 죽음이 가져다 준 문제들을 풀어내기도 하였습니다.

그러나 탈상의 개념이 점차 사라지고 넋굿 역시 현실적 기반을 잃어가는 가운데, 현대인들은 아무런 완충지대를 거치지 않은 채 불안하고 아쉬운 마음으로 일상과 맞닥뜨리게 되었습니다. 이러한 상례지형의 변화 속에서, 사십구재는 불교 내세관에 따라 망혼을 보다 좋은 곳으로 보내 주기 위한 종교의례이자, 죽음에서 비롯된 산 자들의 문제를 풀어 주는 탈종교적 탈상의례로 널리 수용되고 있습니다.

하지만 사십구재가 현대인의 탈상의례로 확산되어 가는 것은 현실적인 적합성만이 아니라 본래부터 탈상의 의미를 지닌 불교상례佛敎喪禮이기 때문일 것입니다.

불교에서는 이승의 삶이 다하면 업에 따라 육도六道의 한 곳에 태어나는데, 죽은 즉시 다음 생을 받는 것이 아니라 49일간 중유中有의 손재土 미물게 된다고 봅니다. 따라서 이 기간에 사후 7일마다 천도재薦度齋를 올려 망혼의 극락왕생을 빌며, 마지막 49일째 되는 날 망자는 새롭게 태어나게 됩니다.

사후 49일간은 망혼이 이승도 저승도 아닌 곳에 머무는 시간이자 내세가 결정되는 중요한 시간이기에 유족 역시 근신할 수밖에 없는 것입니다. 이는 사십구재의 의미가 본연적으로 남아있는 자들로 하여금 상중^{喪中}에 머물도록 하는 의례 구속성을 지니고 있음을 드러내 주는 것이라 하겠습니다.

노무현 전 대통령의 사십구재가 있던 하루 전 날, 법당에서 재물을 준비하던 봉하마을 정토원의 한 스님은 다음과 같은 말을 들려주었습니다.

> 49재가 점점 확산되고 있죠. 다른 종교 믿는 사람들도 많이 행하고 있고……. 참 바람직한 현상입니다. 지난번에 노건호 씨가 좋은 말을 했어요. "스님, 한 재 한 재 지날 때마다 마음이 점점 차분하고 편해집니다."라고. 우리 스님들도 마찬가지입니다. 그래서 마지막 재에서는 모두 빙그레 웃으면서 보낼 수 있지요.

스님의 표현처럼 사십구재를 치르는 이들은 불교적 믿음으로 망자의 극락왕생을 기원하는 가운데, 매 7일마다 거듭되는 의례를 통해 상실의 아픔을 종교적으로 승화시키고 점차 떠나보낼 마음의 준비를 다져갈 수 있게 됩니다. 의례과정을 통해 체계적으로 죽음을 인식하고 경험하면서 죽은 자 역시 의례를 거침으로써 저승에 무사히 안착할 수 있다고 믿게 되는 것입니다.

이처럼 삼보의 가피 속에 기도하며 보내는 이 기간은 남은 자들이 죽음을 둘러싸고 발생한 문제들을 체계적으로 정리하고 해결하는 데 필요한 시간이라 하겠습니다.

'49일간의 불교의례'가 지니는 이러한 종교적·사회적·심리적 적합성과 더불어, 사십구재를 행하는 의례국면 속에서는 어떠한 함의를 찾아볼 수 있을까요. 이는 사십구재를 치르는 동안 '망자의 극락왕생'이라는 궁극의 목표를 위해 현실적 존재와 초월적 존재들이, 성속 聖俗의 구분 없이 하나의 공동체로 일심을 이룬다는 사실일 것입니다.

즉, 현실적 존재인 유족 [齋者]과 스님, 초월적 존재인 불보살과 망자의 네 존재가 하나 되어 지성을 다한다면 어떠한 목표라도 성취할 수 있지 않겠습니까. 어떻게 보면 그것은 '천도를 통한 망자의 극락왕생'이라는 실제 의례효과에 대한 믿음과 무관할 것입니다. "지금 생각해도 참 잘한 것 같다. 후회 없이, 그야말로 온 마음을 모아서 한쪽으로 기도를 했으니까"라는 어느 유족의 말처럼, 삼보의 가피 속에 최선을 다했다는 종교행위로써 이미 사십구재를 행한 목표를 성취한 것이나 다를 바 없기 때문입니다.

더욱이 의례를 행함으로써 미치는 공덕 역시 이들 네 존재로 상징되는 성속의 법계^{法界}에 확산된다는 점입니다. 예컨대 사십구재의 재물^{齋物}이 지닌 상징성을 살펴보면, 이는 불보살에게 바치는 공양물인 동시에 망자를 위한 시식^{施食}이 됩니다.

또한 재물로 상징되는 의례의 물적 기반은 반승^{飯僧}의 의미를 담고 있어 승단 운영의 토대로 작용하며, 의례를 마친 뒤 재에 참석한 대중과 공식^{共食}으로 나눔으로써 대중을 위한 공덕을 실천하게 되는 것입니다.

뿐만 아니라 삼보에 귀의하는 공양물은 불보살의 가피를 통해 이윽고 감로의 법식法食으로 변환되어, 망혼은 물론 재자를 포함한 육도의 중생들에게 되돌아오는 유기적 관계를 지니고 있는 것입니다.

이처럼 사십구재는 가까운 이의 죽음을 맞은 오늘날의 한국인들에게, 신적 존재에게 기원하는 '종교적 인간'이 되어 이별을 할 수 있게 하는 복합적인 함의를 지녔다고 여겨집니다.

이 책은 필자가 사십구재로 학위논문을 쓴 인연으로, 사십구재의 전반적인 내용을 이해하는 데 조금이나마 도움이 되었으면 하는 마음을 담아 내놓게 되었습니다. 개별 의식의 절차와 의미를 파악함에 있어 만춘스님의 《불교의식각론》에 큰 도움을 받았음을 밝히며, 책을 접하시는 한 분 한 분과 좋은 인연을 맺게 해주신 민족사 여러분들께 감사드립니다.

구미래 합장

차례

머리말 ... 7

제1장
사십구재란 무엇인가

1. 사십구재의 의미 ... 19
2. 왜 49일인가 ... 23
3. 제사와 재(齋)의 차이 ... 33

제2장
사십구재의 기원과 역사

1. 인도불교, 중유의 성립 ... 41
2. 중국불교, 칠칠재의 정착 ... 47
3. 한국불교, 사십구재의 발전 ... 53

제3장

사십구재, 어떻게 진행되는가

1. 사십구재의 종류와 의례구조 ... 61
2. 준비단계 ... 69
3. 1단계 : 맞이하기(대령) ... 75
4. 2단계 : 씻기(관욕) ... 84
5. 3단계 : 기원하기(상단권공) ... 101
6. 4단계 : 제사지내기(관음시식) ... 119
7. 5단계 : 보내기(봉송) ... 128

제4장

사십구재의 특성과 기능

1. 사십구재 이후에도 계속되는 천도재 ... 139
2. 사십구재의 복합적 기능 ... 146
3. 국가적·사회적 죽음의 탈상의례 ... 160

제5장
사십구재 치르기

1. 사십구재의 준비 ... 173
2. 사십구재의 실제 ... 183

참고문헌 ... 193

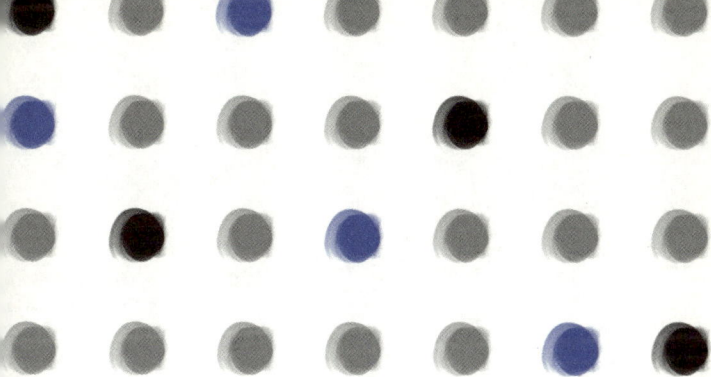

제1장

사십구재란 무엇인가

01 사십구재의 의미

> 49재는 망자가 보다 나은 내세에 태어날 수 있도록 임종 이후 49일간에 걸쳐 살아 있는 사람들이 죽은 이를 위해 대신 공덕을 짓는 일이라 할 수 있다.

불교에서는 사람이 죽으면 깨달음을 얻어 윤회에서 벗어나지 않는 한 생전에 지은 업에 따라 육도六道의 한 곳에 태어나게 된다고 본다.

그런데 생전에 매우 선하거나 악한 업을 지은 이는 죽은 즉시 다음 생을 받지만, 대부분의 사람들은 얼마 동안 이승도 저승도 아닌 곳에서 중유中有의 존재로 머문 뒤에 새로운 생을 받게 된다.

이때 중유의 존재로 머무는 기간을 49일로 여겨 이 시기에 유족(齋者)이 망자의 극락왕생을 위해 올리는 천도재를 49재라 한다. 이처럼 49재는 불교의 윤회사상에 따라 망자를 보다 좋은 내세로 보내기 위해 행하는 의례임을 알 수 있다.

'자업자득'이라는 말이 있듯이 본래 내세의 모습은 생전에 스스로 지은 업에 따라 결정되는 것이 마땅하다. 그러나 다음 생의 과보가 결정되는 중유의 기간에 유족이 망자를 위해 대신 선행을 행하고 정성을 다한다면 그 공덕으로 망자의 악업이 가벼워질 수 있을 것이다.

따라서 법당에 망자의 영혼인 영가靈駕를 모시고 불·법·승 삼보의 보살핌 속에서 49재를 열어 보다 좋은 곳으로 왕생하기를 기원하는 것이다. 천도薦度라는 말에는 이러한 의미들이 담겨 있다. 곧 영가를 극락과 같은 좋은 곳으로 보내줄 것을 불보살에게 천거(薦)하는 법도(度)이기 때문이다.

이때 중요한 것은 영가의 극락왕생을 위하여 불보살을 향해 지극한 마음으로 기원하는 일뿐만 아니라, 영가에게 법문을 들려줌으로써 미혹한 마음을 깨우칠 수 있도록 도와준다는 점이다. 비록 세상을 떠난 뒤라 하더라도 스스로 깨달음을 얻어 윤회에서 벗어날 것을 끊임없이 권유함으로써 '누구나 깨달으면 부처가 될 수 있다'는 가능성을 사후에도 열어두고 있는 것이다.

따라서 49재는 죽은 이후에 타력으로 망자를 도와주는 의례이지만, 궁극적으로는 망자가 자력으로 일어설 수 있도록 도와준다는 점에서 기복적 행위와 분명히 구분되는 것이라 하겠다.

아울러 망자가 이승을 떠나지 않고 중유의 존재로 머무는 이 기간에 위패와 영정을 모시고 치르는 49재는 곧 불교상례에 해당하여, 유족 역시 상중에 머물면서 근신하는 시간을 보내게 된다. 49재는 사후 7일마다 일곱 번의 천도재를 올리면서 진행되는데, 49일째 되는 날 막재를 치름으로써 망자는 내세에 태어나고, 유족은 일상의 삶으로 복귀하면서 비로소 탈상을 하는 것이다.

또한 유족은 사찰에서 재만 올리는 것이 아니라 49일간 집에서도 기도·독경·염불 등으로 고인의 극락왕생을 위한 정성을 쏟게 된다. 사정에 따라 사찰에서 49재를 지내지 않는다 하더라도, 이 기간은 망자가 이승도 저승도 아닌 곳에 머무는 불안하고 민감한 시기이므로, 불자라면 가정에서 아침저녁으로 상식을 올리며 천도를 기원하는 가운데 49일간의 거상기간을 보낸 후 탈상하는 것이 관례이다.

이처럼 49재는 망자가 보다 나은 내세에 태어날 수 있도록 임종 이후 49일간에 걸쳐 살아 있는 사람들이 죽은 이를 위해 대신 공덕을 짓는 일이라 할 수 있다. 따라서 유족이 아니라도 할 수 있으며, 천도를 해 주는 행위는 망자보다 재를 지내는 이에게 훨씬 더 큰 공덕이 돌아가게 된다고 한다.

그것은 죽은 뒤 타력에 의해 얻는 공덕보다 살아 있는 동안 남을 위해 짓는 자력의 공덕이 더욱 크다는 의미가 담겨 있다.

02 왜 49일인가

흥미로운 것은, 동양과 서양에서 인간이 7년을 주기로 변화를 거듭한다고 보는 이론들이 일찍부터 존재했다는 사실이다.

49재는 망자가 임종한 지 7일째 되는 날에 치르는 초재에서부터 49일째 되는 날 치르는 막재에 이르기까지 7일마다 일곱 번의 재를 행하면서 완결된다. 이로 인해 49재를 7·7재라고도 일컫는 것이다.

이처럼 49일에 걸쳐 재를 행하는 것은, 사람이 죽으면 다음 생을 받기 전까지 49일 동안 중유에 머문다고 보기 때문이다.

그렇다면 사후 49일이라는 중유의 기간은 어떻게 성립된 것일까? 초기의 기록을 살펴보면 중유의 기간으로 여러 날짜가 등장하는 가운데 '기간을 정할 수 없다'고 본 설도 있었다. 구체적인 중유의 기간이 처음 나타난 것은 2세기 중엽에 편찬된 《아비달마대비바사론》에서이다. 이 책에 따르면 사람은 죽은 뒤 즉시 다음 생을 받기도 하고, 7일 또는 49일 뒤에 태어나기도 한다고 하였다. 이후 다른 책에서도 중유기에 출생의 조건을 만나지 못하면 7일을 기준으로 나고 죽기를 거듭하여 적어도 7·7일인 49일 안에는 인연을 찾아 새롭게 태어난다고 보았다.

이처럼 '49일'은 윤회사상에 따라 죽은 이가 새로운 존재로 태어나기까지의 중유기간이 설정되어 가는 과정에서, 7일을 단위로 한 여러 설이 공존하는 가운데 7·7일로 자리잡게 된 것임을 알 수 있다.

그런데 초기의 기록을 살펴봐도 '왜 7·7일인가'에 대한 이유는 밝혀져 있지 않다. 따라서 이에 대해서는 숫자 7이 지닌 보편적 상징성을 통해 유추해 볼 수 있을 것이다.

먼저 우주와 자연현상 속에서 7이라는 숫자를 떠올릴 수 있는 대상을 살펴보면 대표적으로 북두칠성과 무지개 등을 들 수 있다. 이 가운데 북두칠성은 고대인의 사상과 정서를 크게 지배했던 별자리였다. 동양에서는 별을 신앙하는 사상이 발달되지 않았으나, 유일하게 북극하늘에 일곱 개의 별이 국자모양을 그리고 있는 북두칠성은 일찍이 도교와 깊은 관련을 맺어 중국의 광범위한 칠성신앙으로 자리잡았다.

천체의 운행으로 계절의 변화를 파악했던 옛 사람들은 북두칠성의 자루부분(建)이 북극성을 중심으로 시계방향으로 돌아가면서 열두 달이 순차적으로 오고감을 발견하였다. 즉, 북두칠성이 1월에는 인(寅)에 해당하는 방위를 가리키고, 십이월에는 축(丑)에 해당하는 방위를 가리키면서, 12지(支)가 1년에 한 바퀴 도는 것을 끝내고 다시 제자리로 돌아오기 때문이다.

따라서 하늘이 인간의 운명을 좌우한다고 믿었던 고대인들은 1년의 어느 때라도 볼 수 있는 북두칠성이 곧 하늘을 상징하고, 나아가 인간이 경험하는 천체기상을 다루는 신이라 생각했던 것이다. 후대에는 하늘이 모든 생명을 다스린다고 여겨 칠성신이 수명을 다루는 신으로 정착되었으며, 또한 비가 중요했던 농경사회에서는 하늘에서 비를 내려주기 때문에 칠성신을 뱀이나 용 등으로 표현하기도 하고, 일곱 명의 인물과 연결하여 인격신으로 섬기기도 하였다.

다음으로 인간의 일상적 삶 속에서 의미를 지니는 숫자 7을 꼽는다면 먼저 7일로 이루어진 '일주일'이라는 시간 단위를 떠올리게 된다. 한 달보다 작고 하루보다 큰 시간개념이 필요했던 고대인들에게 일주일은 처음부터 7일이 아니라 4일, 5일, 7일, 8일, 9일, 10일 등으로 다양한 주기가 존재하였다. 이후 7일로 정착된 데에는 여러 요인이 있으나, 가장 큰 영향을 미친 것은 오래 전부터 인류는 하늘에 일곱 개의 천체가 존재한다고 믿었다는 데 있다.

즉, 망원경이 나오기 전까지 하늘에는 별과 지구를

제외하고 해 · 달 · 수성 · 금성 · 화성 · 목성 · 토성이라는 천체가 있다고 여겨 이를 주일의 기준으로 삼고, 일요일에서 토요일까지 각 천체의 이름을 대입하였던 것이다. 또한 달이 지구를 한 바퀴 도는 데 걸리는 공전주기는 27.32일^{약 28일}로, 7일이 네 번 모여 28일이라는 음력 한 달을 만들어낸다고 본 것은 고대 동서양에서 역법이 싹트던 시기의 보편화된 생각이었다.

따라서 지구의 자전현상인 하루와 달의 공전현상인 한 달이 천체의 운행을 반영한 물리적 · 과학적 주기라면, 일주일은 인간이 상상을 통해 만들어낸 관념적 주기인 셈이다.

7일 단위의 달력체계는 일찍이 바빌로니아인들이 완성하였는데 이들의 문명은 오리엔트 각 지역에 전파된 바 있다. 따라서 이러한 칠요일의 개념을 받아들인 동양에서는 일곱 천체의 이름과 7일로 구성된 일주일의 이름을 음양오행으로 구성하였다. 즉, 달(月)과 해(日)라는 음양과 불(火) · 물(水) · 나무(木) · 금속(金) ·

흙㊏이라는 오행의 각 요소를 일요일·월요일·화요일·수요일·목요일·금요일·토요일에 적용시키고, 다섯 가지 행성에도 화성·수성·목성·금성·토성이라는 이름을 붙였던 것이다.

이처럼 우주는 7의 구조를 부여받게 되어 숫자 7 역시 동서양을 넘나들며 하늘을 이루는 근원적인 수로 여기게 되었고, 나아가 우주의 의미를 해명해 주는 신성한 수이자 음양오행의 동양사상을 담고 있는 수로 생각하였다. 이와 더불어 성스러운 숫자 3과 세속적인 숫자 4가 결합된 수로서 신과 인간, 성과 속, 하늘과 대지, 영혼과 육체, 대우주와 소우주가 통합된 완전한 수로 여겨왔다.

따라서 숫자 7은 동양과 서양의 구분 없이 신성하고 의미있는 수로 인식되었다. 석가모니가 태어날 때 일곱 줄기의 연꽃이 솟아나 갓난아기를 받쳤고, 태어나자마자 사방으로 일곱 걸음을 옮긴 뒤 '천상천하 유아독존'의 사자후獅子吼를 남겼다는 불전佛傳은 고대 인도에서 신성시한 숫자 7의 상징성을 살펴볼 수 있게 한다.

베다신화에는 하늘을 상징하는 황소의 고삐도 일곱 개이고, 태양신의 마차를 이끄는 암말도 일곱 마리이며, 인드라는 일곱 개의 강을 해방하여 흘러내리게 하였다고 한다. 뿐만 아니라 제사를 집행하는 제사관의 입도 일곱이고, 그가 가진 광선도 일곱이며, 제물을 묶을 일곱 기둥에 불을 지필 3×7의 나뭇단까지 7을 기준으로 계산되어 있다. 이는 7이라는 숫자가 우주의 생성주기를 상징하면서 동시에 종교의식의 모든 과정에 스며든 신비한 주문과 같은 것임을 짐작케 한다.

'럭키 세븐'이라는 말이 있듯이 서양에서도 동일한 수관념을 살펴볼 수 있다. 예컨대 고대 페르시아의 태양신인 미트라Mithra 숭배사상에 따라 영혼은 7개의 천구를 지나 천국에 도달하게 된다고 보았으며, 이후 가톨릭에서 영혼이 거치는 연옥을 일곱 단계로 보는 개념으로까지 발달하였다.

그 밖에도 성경에 등장하는 7에 대한 수많은 암시라든지, 일곱 가지 음으로 완결을 이룬 7음계를 비롯하여, 고대 켈트족은 7을 영웅의 수이자 신의 수로 여겼고, 수학에 몰두했던 그리스인들은 숫자 7을 존경하였다고 한다.

그런데 특히 흥미로운 것은, 동양과 서양에서 인간이 7년을 주기로 변화를 거듭한다고 보는 이론들이 일찍부터 존재했다는 사실이다. 따라서 이러한 설은 중요한 변화가 진행되는 중유의 기간이 7·7일로 설정되는 데 보다 직접적인 영향을 미쳤으리라 여겨진다.

즉, 고대 중국에서는 7이라는 주기성이 여성과 깊이 관련되었다고 보아 14살$^{2\times7}$에 초경이 시작되어 여성으로 거듭나며 49살$^{7\times7}$에 폐경이 된다고 보았다. 이는 음의 원리를 지닌 달과 여성이 7의 4배수로 깊이 연관되어 있다는 점과도 통하는 사실이다. 즉, 초승달에서 시작하여 충만한 보름달이 되었다가 다시 그믐달로 기우는 달의 주기와 여성의 생리주기가 일치하기 때문이다.

오토 베츠가 지은 《숫자의 비밀》에 따르면, 아테네의 대시인이자 정치지도자인 솔론Solon은 7을 주기로 한 인간의 성장과정에 대해 "아직 다 자라지 않은 어린아이의 치아는 일곱 살이 되는 해에 형성된다. 두 번째 7년을 행복하게 마무리한 신은 이제 성년이 멀지 않았다는 신호를 보내준다. 세 번째 7년에도 몸은 계속 자라며 솜털이 보슬거리고 피부도 아름다운 옷으로 갈아입는다. … 열 번째로 7년의 주기를 마무리하면 결코 너무 이르다고 할 수 없는 죽음을 맞이한다."고 읊은 바 있다. 7이라는 기간을 단위로 인간의 변화를 설명한 이러한 유의 내용은 이후에도 계속 등장하고 있어, 숫자 7이 생명의 변화와 성장을 나타내는 시간의 리듬으로 여겨졌음을 알 수 있다.

따라서 숫자 7에 대한 동양적 인식에 더하여 바빌로니아의 칠요일 역법을 받아들였다면, 인도에서 싹튼 윤회관에 따라 "7일을 기준으로 생사를 거듭하여 적어도 7·7일인 49일 안에는 인연을 찾아 새롭게 태어난다"고 본 것은 지극히 자연스러운 일일 수 있을 것이다. 좋은 것은 거듭될수록 좋듯이, 7이 다시 7의 횟수만큼 반복되는 7·7일은 생명의 변화가 완성된다고 보기에 매우 적합한 수였음을 짐작할 수 있기 때문이다.

이처럼 숫자 7이 지닌 복합적 상징성으로 인해 숫자 자체를 우주와 인간 삶을 해석하는 중요한 규칙의 하나로 삼았을 뿐만 아니라 삶의 중요한 주기로 보았음을 알 수 있다.

03 제사와 재(齋)의 차이

망자의 극락왕생을 기원하고 깨달음의 세계로 인도하는 것은 재의 처음부터 끝까지 지속되는 의례목적에 해당하는 것이다.

49재의 의미는 제사와 곧잘 혼동된다. 제사의 '제(祭)'와 천도재의 '재(齋)'를 구분하지 않은 채 혼용하는 경우도 많다. 그것은 발음으로는 '재'와 '제'가 구분되지 않고, '재'가 일상생활에서 잘 쓰지 않는 개념일뿐더러, 49재 과정 속에 제사에 해당하는 '시식施食'이라는 절차가 있기 때문이다. 더구나 일반제사를 사찰에서 지낼 때도 천도재의 형식으로 행하여, 고인을 추모하고 효를 실천하는 제사가 불교에서는 천도를 기원하는 재로써 수용되고 있음을 알 수 있다.

불교에서 말하는 '재'란 본래 심신을 청정하게 하는 수행방식을 의미했다. 그러다가 점차 불보살에게 공양을 올리며 그 공덕을 함께하기를 기원하는 불교의식을 일컫는 말로 정착되었다. 아울러 재 중에서도 특히 망자를 위한 천도재가 널리 행해짐에 따라 근래에는 자연스럽게 '재=천도재'로 여기게 되었다.

불교에서는 민간의 관습을 받아들여 유교식 제사를 천도재에 접목시켜 놓았기 때문에 망자를 모신 영단 앞에서는 유족이 제사와 거의 흡사한 방식으로 의식을 치르게 된다.

그러나 천도재는 제사와 다른 불교 특유의 체계와 의미를 지니고 있는데, 이에 대해 스님들은 다음과 같이 이야기하고 있다.

> 제사는 인정으로 조상을 모셔다가 음식을 차려서, "맛있게 드시고 오늘만이라도 저희 가족과 함께 있어주십시오." 하는 것이라면, 재는 "이제 사바세계의 미련을 버리고 어서 윤회의 길에서 벗어나기를 기원합니다." 하는 것

입니다. 부처님 법 안에서 법답게 살기를 기원하는 거니까 경전을 독송하는 것이지요. 조상천도의 윤회의 길을 강조하면 자연히 거기에 동참이 되어 그런 말을 하는 우리들도 윤회에서 벗어나야겠다는 마음가짐이 생기게 되는 것입니다. : 지묵스님 BBS 라디오방송 2003년 8월 13일자

일반 집에서 지내는 제사 같은 경우는 죽은 영혼을 상대로 해서 음식 대접하는 걸로 그치지만…, 절에서는 음식 대접을 하는 형식적인 외형을 빌린 거고, 내용은 부처님의 가르침을 전해서 그들이 그것을 듣고 깨우치도록 하는 의식이란 말이에요. … 그래서 집에서 하는 제사는 해당 신위만 청하지만 절에서는 그게 아니고, 대표는 그 당사자지만 나머지 더 많은 중생들, 유주무주 고혼들이 함께 하도록 청하는 거지요. : 향림사 법○스님 2004년 3월 27일 면담

이렇듯 제사와 분명히 구분되는 재의 특성을 몇 가지로 간추려 살펴보면 다음과 같다.

첫째, 불교의 재는 불·법·승이라는 삼보의 범주 속에서 의식을 행한다는 점이 제사와 뚜렷이 구분되는 특성이라 할 수 있다. 즉, 불보살을 모신 법당에서 [佛]

스님의 진행에 따라⁽僧⁾ 경전의 염송과 염불을 통해⁽法⁾ 의식을 치르는 것이 중요하며, 이는 삼보에 귀의하는 불자의 신행행위를 반영하는 것이기도 하다. 따라서 고인의 기제사를 사찰에서 치를 때도 불보살에게 공양을 올리고 그 공덕을 같이 하기를 기원하는 재의 의미 속에서 진행되는 것이다.

모든 천도재는 신앙의 대상인 불보살에게 귀의하고 이들의 가피를 구하는 기본 구도 속에서 이루어지며, 유족이 영단 앞에서 제사를 지내는 중에도 스님은 망자를 위해 끊임없이 불법을 들려주게 된다.

따라서 '시식'이라는 절차에서 실제 유족이 행하는 의식의 모습은 일반제사와 다를 바 없으나, 스님의 염송하는 내용이 곧 제사의 의미를 나타내는 텍스트에 해당하는 셈이다.

둘째, 제사의 의미가 고인을 추모하고 효를 실천하는 데 있다면, 재는 이와 더불어 불교의 내세관에 따라 망자를 보다 좋은 사후세계로 보내기 위한 '천도'

의 의미로 행해진다는 점이다. 유교나 개신교 등에서는 망자를 좋은 곳으로 보내기 위한 의례가 없는 데 비해, 불교에서는 망자를 불법의 세계로 이끄는 가운데 보다 바람직한 내세를 위해 기원하는 의례를 갖추고 있다. 따라서 망자의 극락왕생을 기원하고 깨달음의 세계로 인도하는 것은 재의 처음부터 끝까지 지속되는 의례목적에 해당하는 것이다.

이처럼 천도의 방식은 불보살의 가피를 기원함과 동시에, 영가에게 불법을 들려줌으로써 스스로 깨우침을 얻을 수 있도록 이끌어주는 불교 특유의 방식을 취하고 있다.

셋째, 개인을 천도하기 위해 치르는 재라 하더라도 해당 망자만이 아니라 천도되지 못한 채 떠도는 모든 고혼孤魂과 지옥중생을 함께 의례의 대상으로 삼는다는 점이다. 따라서 영가를 모시는 단계에서는 윗대의 모든 조상과 유주무주 고혼을 함께 청함으로써 이들 모두를 천도의 대상으로 영단에 모시게 된다. 이는 불교에서 중시하는 회향의 의미를 실천하는 것으로, 자신이 지은 선행의 공덕을 중생을 위해 돌리는 대승적 차원에서 이루어지고 있다.

넷째, 상차림에서 육류·생선과 술을 사용하지 않는다는 것으로, 이는 곧 불교 재물齋物과 일반 제물祭物의 기본적인 차이점이다. 이처럼 동물성 재물을 올릴 수 없기 때문에 떡·과실·고임음식을 풍성하게 차려 상차림의 격식을 갖추는 점이 불교 재물의 특성이기도 하다. 불단상단·신중단중단과 마찬가지로 영단하단에서 제사를 지낼 때도 술 대신 차를 올리는데 이때의 차는 맑은 물로써 대신하는 것이 일반적이다.

이처럼 사찰에서는 불교의 재에 유교의 제사를 접목시킨 방식으로 의례를 치르고 있지만, 일반제사와는 다른 불교 특유의 의례 체계와 의미를 갖추고 있음을 알 수 있다.

제2장
사십구재의 기원과 역사

01

중유에 머무는 기간은 망자의 업에 따라 육도의 한 단계를 결정짓는 시간이자 다음 생의 인연을 찾는 중요한 시간으로 여겼음을 짐작해볼 수 있다.

인도불교, 중유의 성립

 불교가 일어나기 전부터 고대 인도를 지배하고 있던 브라만교에서는, 죽은 뒤 모든 것이 끝나는 것이 아니라 새로운 세계에 태어난다는 생각과 함께 생전의 선악 행위가 다음 생을 결정하게 된다는 인과응보의 내세관을 지니고 있었다. 이러한 윤회·업·인과 등 고대 인도인들이 지니고 있었던 생각은 이후 불교 내세관의 기초가 되어 체계적인 윤회사상으로 발전하기에 이르렀다.

 불교의 윤회사상에 따르면 깨달음을 이루지 못한

인간은 끊임없이 생과 사를 되풀이하는 윤회의 수레바퀴 속에서 살게 된다. 이때 일회의 삶은 생유生有· 본유本有·사유死有·중유中有라는 4유의 단계로 설명하고 있다. 즉, 각자의 업에 따라 모태에 잉태되는 순간을 생유라 하고, 출생 후 죽음에 이르기까지 생전의 존재를 본유라 하며, 죽는 순간을 사유, 그리고 죽어서 다시 태어나기 전까지의 존재를 중유라 하는 것이다.

따라서 이전존재가 다음존재로 태어나기 위해서는 중유라는 사후기간을 거쳐야 가능하므로, 윤회하는 삶의 과정에서 보면 본유와 중유가 결합하여 일생을 이루고 있는 셈이다.

본유와 중유가 결합하여 끊임없이 새로운 존재로 나고 죽기를 거듭하는 불교 생사관의 핵심은, 내세의 모습이 전생에 지은 업에 따라 육도의 세계로 나누어져 있다는 점이다. 육도는 최악의 지옥에서 최선의 천상에 이르기까지 구분해 놓은 지옥·아귀·축생·아수라 · 인간 · 천상의 세계를 말하며, 모든 생명 있는 존재는 전생의 업이 남아있는 한 그 업에 따라 육도의 한 곳으로 윤회를 거듭하게 된다.

이때 현세의 죽음에서 내세로 재생하는 것은 일생 중 가장 중요한 변화가 일어나는 단계라 할 수 있다. 따라서 죽음과 동시에 바로 다음 존재로 재생하는 것이 아니라, 현세도 내세도 아닌 곳에 얼마 동안 머물면서 변화를 준비하는 시간이 필요하다고 보았던 것이다. 이렇듯 중유에 머무는 기간은 망자의 업에 따라 육도의 한 단계를 결정짓는 시간이자 다음 생의 인연을 찾는 중요한 시간으로 여겼음을 짐작해볼 수 있다.

이러한 중유에 대해 처음 기록한 경전은 2세기 중엽의 《아비달마대비바사론》으로, 사람이 죽은 후 다음 생을 받기까지의 상태를 중유 또는 중음中陰이라 하며, 이 기간에 대한 여러 설 가운데 '중음칠칠일설中陰七七日說'이 최초로 등장하고 있다. 이후에 저술된 《아비달마구사론》·《유가사지론》 등에 따르면 중음의 기간에 출생의 조건을 만나지 못하면 다시 수차례 죽고 태어나는 식으로 여러 7일을 경과하게 되는데, 그 최대 기간이 7·7일이라고 하여 사람이 죽은 후 중유에 머무는 기간은 최소한 7일, 최대한 49일이라고 규정하였다. 따라서 죽은 자가 다음 생을 받기 위해 머무는 이 기간에, 남은 자들이 망자의 보다 나은 내세를 위해 기원하는 것은 매우 자연스러운 일이라 하겠다.

그런데 이와 같은 중유기간이 정해지기 전이라 하더라도, 윤회사상에 따라 극락·지옥 등 내세의 여러 단계가 제시되었을 무렵부터 불교에서는 이미 망자를 좋은 곳으로 보내기 위한 의식이 자연스럽게 발생해 있었으리라 여겨진다. 이는 당시의 시대상황과도 밀접히 관련되는데, 당시 인도사회를 지배하고 있던 브라만교는 '제사만능의 종교'라 해도 과언이 아닐 정도로 제사를 중요하게 생각하였다. 그들은 우주자연을 다스리는 신들이 존재하며, 신들은 우주 최고의 원리로서 인간의 길흉화복과 도덕질서까지도 관장한다고 믿고 있었기 때문이다.

이는 인도에서 가장 오래된 문헌이자 브라만교의 근본성전인 《리그베다 Rg-Veda》라는 책의 내용이, 제물을 차려 놓고 신들이 제장祭場에 등장하도록 청하는 노래로 구성되어 있다는 점에서도 잘 드러난다.

불교는 이러한 브라만의 제사만능주의에 반대하면서 출발하였으나, 불교의 특성인 포용성으로 인해 점차 제사까지 수용하게 되었던 것이다. 1세기를 전후하여 불교의 대중화와 사상적 발전을 가져온 대승불교가 출현하면서 사후구제를 제시하는 아미타신앙·정토신앙이 성행했던 시대적 흐름을 떠올려보면 짐작이 가능하다. 특히 사후세계가 육도로 구분되어 있었기에, 망자의 보다 나은 내세를 기원하는 의식이 마련되어 있었을 것임은 당연하기 때문이다. 이후 중유의 존재가 부각되고 중유에 머무는 기간이 정해지면서, 이러한 의례는 중유기에 집중되었을 것임을 짐작해볼 수 있다.

중유와 중유기간에 대한 개념이 성립된 다음, 이 기간에 경전과 계율을 독송하거나 강설하면 망자에게 그 복이 미쳐 좋은 곳에 태어날 수 있음을 기록한 경전들이 하나둘 등장하기 시작하였다. 특히《범망경》《관정경》등에서는 사후 3·7일 또는 7·7일에 망자를 위해 행하는 독경 등의 중요성을 언급하고 있어, 49재의 시초에 해당하는 '중유기간에 행하는 천도의례'의 자취를 더듬어볼 수 있다.

이처럼 49일은 윤회사상에 근거해 죽은 이가 새로운 존재로 태어나기까지의 중유기간이 설정되어 가는 과정에서, 7일을 단위로 한 여러 설이 공존하는 가운데 7·7일로 자리잡게 된 것임을 알 수 있다. 아울러 7·7일이 정착되기 전에 3·7일 또한 중요한 날짜로 인식되고 있어, '3'과 '7'이라는 숫자의 보편성을 살필 수 있다는 점 또한 흥미롭다.

02 중국불교, 칠칠재의 정착

중국으로 불교가 건너온 뒤 칠칠재를 포함한 천도재는 중국 고유의 조상숭배사상과 결합하면서 민간에 깊이 뿌리내리게 되었다.

중국으로 불교가 건너온 뒤 칠칠재를 포함한 천도재는 중국 고유의 조상숭배사상과 결합하면서 민간에 깊이 뿌리내리게 되었다. 49재는 중국에서는 물론 우리나라에서도 조선시대까지 '칠칠재'라는 이름으로 불리었으며, 동진시대인 4세기경 칠칠재의 공덕에 대해 언급한 여러 경전들이 번역되면서 중음법회가 널리 행해졌다. 불교뿐만 아니라 도교에서도 칠칠재를 행했던 6세기의 기록을 볼 때 당시 중국사회에 천도재가 어느 정도 확산되고 있었음을 알 수 있다.

특히 6세기 이후, 유교의 조상숭배와 효사상이 재공양과 긴밀하게 결합하여 음력 7월 보름의 행사로 정착된 우란분재盂蘭盆齋는 천도재의 발전에 중요한 계기가 되었던 듯하다. '우란분'은 인도어 '울람바나ullambana'의 음을 따서 만든 한자어로, 울람바나는 '거꾸로 매달린 자의 고통'이라는 뜻을 지니고 있으며, 이러한 의미로 인해 '도현倒懸'이라 번역하기도 한다. 따라서 우란분재는 고통받고 있는 망자들을 위해 행하는 재임을 알 수 있으며, 고통을 풀어주고 이들을 구해낸다는 뜻에서 해도현解倒懸·구도현救倒懸이라고도 한다.

중국에서 편찬된 것으로 보는 《우란분경》에 따르면, 이 날이 망자들을 구하는 날로 정해진 것은 석가모니 당시로 거슬러 올라가는 매우 극적인 고사에서 유래한다.

석가모니의 10대 제자 중 한 명인 목련존자目連尊者는 신통력을 지니고 있었는데, 어느 날 돌아가신 어머니가 살아생전에 많은 죄를 짓고 지옥에 떨어져 고통스럽게 살아가고 있음을 보게 되었다. 이에 스승께 어머니를 구할 방법을 간절히 청하자 석가모니는 "여러 스님들의 안거가 끝나는 날에 덕이 높은 스님들을 청하여 공양하고 그 도력을 빌면 7대 부모까지 천도하여 삼계고해三界苦海에서 벗어나게 될 것"이라 하였다.

인도불교 당시부터 스님들은 여름철이 되면 바깥출입을 금하며 수행에 전념하는 하안거夏安居를 실시해왔는데, 석 달 동안에 걸친 공부를 끝내는 날 여러 스님들 앞에서 공부의 의문점을 묻고 자신의 허물을 참회하는 시간을 가져왔던 것이다.

이에 목련은 이 날 안거를 마친 대중에게 정성을 다해 공양을 올렸더니 어머니는 마침내 천상에 태어나 무량한 복락을 받게 되었다고 한다. 따라서 사찰에서는 이 날 음식과 공양물을 마련하여 신도들의 돌아가신 부모와 고혼을 위해 천도재를 열어 극락왕생을 기원하게 되었던 것이다.

이러한 우란분재의 유래를 담은 고사와 하안거 해제라는 역사를 살펴볼 때, 불교에서 음력 7월 15일에 재를 지내는 데는 부모·조상의 영가를 천도하는 의미와, 하안거를 마친 수도승들을 맞아 법회를 열고 공양·보시하는 의미가 어우러져 있음을 알 수 있다. 불보살·스님에게 공양하는 공덕으로 인해 부모·조상의 영가를 보다 좋은 곳으로 천도할 수 있다는 의미의 결합은, 망자의 유족과 후손들에게 천도재의 필요성을 공고히 하는 데 크게 기여했을 것이라 여겨진다.

이후 당·송 대의 여러 기록을 통해 사후의 칠칠재가 중요한 민간의 불교의례로 정착되었음을 살펴볼 수 있다. 특히 명부신앙의 핵심경전이라 할 수 있는 《지장보살본원경》이하 《지장경》이라 칭함에서는 사후 49일 내에 가족이 재 공양 등으로 복을 지어 망자를 구원해 줄 것을 본격적으로 강조하게 된다. 뿐만 아니라 살아있을 때 사후와 동일하게 칠칠재의 형식으로 자신의 재를 미리 올리고 마음을 닦으면 정토에 왕생할 수 있다는 생전예수재生前豫修齋에 대한 내용도 등장하였다.

《지장경》은 7세기 이후 당나라 때 실차난타實叉難陀가 번역한 것으로 전하지만, 중국에서 편찬된 불경이라는 것이 학계의 정설이다. 인도에서는 극락정토 왕생을 염원하는 정토신앙이 종파로 발전되지는 않았으나 중국에서 정토종으로 성립된 데서도 드러나듯이, 49재는 중국에 와서 불교상례의 근간으로 뚜렷이 자리잡게 되었음을 알 수 있다.

또한 당나라 말에는 《시왕경》의 편찬과 함께, 종래 일곱 번의 칠칠재에 사후 백일·1년·2년이 되는 날을 더하여 모두 열 번의 재를 지내는 시왕신앙이 성행하였다. 시왕은 인도의 염라왕이 중국에 들어와 도교의 태산부군泰山府君과 결합한 뒤 인간의 관료계급에 따라 10명의 시왕으로 분화된 것이다. 따라서 사람이 죽으면 명부세계를 다스리는 시왕으로부터 생전의 행위에 대한 재판을 받게 되는데, 열 명의 시왕에게 초재·2재·3재·4재·5재·6재·7재·백일재·소상재 · 대상재까지 10회에 걸쳐 차례대로 판결을 받게 된다는 것이다.

이처럼 시왕신앙의 성립과 함께 칠칠재가 시왕재로 확대되어 가는 모습은 중국불교에서 고유의 조상숭배사상을 적극 수용한 대표적인 사례라 할 수 있다. 이에 따라 불교의 천도재가 유교상례인 3년상의 의례체계와 동일하게 행해졌고, 하나의 상례에 대해 불교와 유교의 의례가 나란히 공존하게 되었다.

03

임금을 비롯한 왕실에서 상喪이 발생했을 때 칠칠재를 행한 기록이 조선 중기에 이르기까지 꾸준히 등장하고 있다.

한국불교, 사십구재의 발전

중국에서 6~7세기부터 성행하기 시작한 칠칠재가 우리나라에도 이른 시기에 도입되었던 듯하다. 이에 대한 초기기록은 드문 편이나, 7~8세기 무렵부터 지장신앙이 성행하여 칠칠재의 공덕을 구체적으로 적은 《지장경》이 널리 독송되고 있었기에 중국과 마찬가지로 칠칠재가 자연스럽게 행해졌을 것이기 때문이다.

8세기경 월명대사가 지은 〈제망매가 祭亡妹歌〉 역시 일찍 죽은 누이를 위해 재를 올리며 지은 향가이듯이, 망자를 위한 천도재가 신라시대에 널리 행해지고 있었음을 알 수 있다.

구체적인 기록으로는 봉림사 〈진경대사능공탑비眞鏡大師凌空塔碑〉에 새겨진 '至于三七'이라는 내용을 들 수 있다. 이 비문에는 진경대사가 세상을 떠난 923년경명왕 7에 경명왕이 "대사의 죽음을 애통해하며 영회법사를 먼저 보내 조문하고 제사를 지내게 하며, 삼칠일에 이르러서는 나라의 사신을 파견해 부의와 물품을 실어 보낸" 내용이 적혀 있다. 이때의 '三七'은 삼칠재로 천도재를 지냈거나 칠칠재의 세 번째에 해당하는 재를 의미하는 것이다. 칠칠재의 과정이었다 하더라도 삼칠일의 의미를 특히 중요하게 생각한 것임이 분명하다.

인도불교 당시의 중유기간이 3·7 또는 7·7이 병행되었듯이, 우리나라의 49재 역시 초기에는 삼칠재와 칠칠재가 모두 의미 있는 시기로 여겨졌음을 알 수 있다.

고려시대에 와서는 승려·왕실·민간 등 다양한 계층에서 칠칠재가 널리 행하여졌다. 특히 《고려사》에 왕실의 백일재 · 소상재 · 대상재 등이 기록되어 있듯이, 중국과 마찬가지로 칠칠재가 확대되어 유교의 상례시기를 수용한 10회의 천도재를 지내기도 하였다. 그러나 백성들은 번잡한 소상 · 대상보다 주로 백일탈상을 하거나 칠칠재로써 탈상하였음을 짐작할 수 있다. 조선시대에 《주자가례》를 반포하면서 백일탈상을 금하고 3년상을 치르게 한 사실은 고려시대와 조선 초기에 백일탈상이 일반화되어 있었음을 말해주고 있는 것이다.

조선시대에 들어서도 대부분의 불교의례가 폐지되고 관혼상제를 비롯한 모든 생활규범이 유교적 질서로 대체되는 가운데, 천도재는 유교의 상 · 제례와 더불어 나란히 존속해왔다. 이는 내세를 인정하지 않는 유교사상이 인간 본연의 욕구를 충족시키지 못함에 따라 사후구제를 제시하는 불교의 내세관이 왕실과 지배층에서조차 절실한 것이었기 때문이다.

특히 망자를 법당에 모시고 제사를 지내는 천도재

가 유교의 조상숭배와 효사상에 합치된다는 점 역시 천도재의 존속에 크게 작용하였으리라 여겨진다. 따라서 임금을 비롯한 왕실에서 상^喪이 발생했을 때 칠칠재를 행한 기록이 조선 중기에 이르기까지 꾸준히 등장하고 있다.

특히 조선 초기에 왕실과 지배층에서 행한 칠칠재는 수륙재^{水陸齋}와 밀접한 관련 하에 치러지게 되었다. 즉, 《조선왕조실록》세종 14년^{1432년} 3월조에 따르면 "나라에 통하는 상제^{喪制}는 수륙재만을 행하고, 나머지 예절은 모두 주자가례에 의거토록" 함으로써 이후 상류층의 칠칠재는 모두 수륙재로 내제되었다. 수륙재는 해당 망자를 위주로 한 재가 아니라 천도되지 못한 유주무주 고혼을 위해 야외에서 개설하는 합동천도재로 가장 공덕이 높은 법회라 여겼다.

이처럼 수륙재를 전면에 내세운 것은, 모든 생활의례를 유교적 질서로 재편하고자 했으나 깊이 뿌리내린 불교 천도재를 수용할 수밖에 없어 하나로 통일시키고자 했던 셈이다. 따라서 중종 조에 폐지될 때까지 수륙재는 나라의 공식적인 상제로 행해지는 가운데 가뭄과 역질 등을 물리치기 위한 공동체의례로까지 점차 그 역할이 확대되었다.

이처럼 수륙재와 결합된 칠칠재가 다양한 모습으로 전승되는 가운데, 백성들 사이에서는 망자의 유족이 참여하여 사찰에서 행하는 현재의 49재와 유사한 모습으로 활발히 행해졌으리라 짐작된다. 지배층으로부터 배척받은 불교가 기층문화 속으로 깊이 파고들어 가면서 보다 절실한 대중의 문제를 해결하는 데 중점을 두게 되었고, 따라서 사후세계를 다루는 명부신앙은 조선시대에 와서 더욱 발달을 보게 되었던 것이다.

18세기 이후 기존의 여러 문헌을 간추려 펴낸 《범음집》·《작법귀감》 등의 의식집 내용 역시 천도의례 중심으로 구성되어 있어 당시에 천도재가 얼마나 성행되었는지 알 수 있다. 이후 근대에 와서 시대에 적합한 불교의식집의 재정비가 이루어져, 1935년에 편찬된 《석문의범》은 현재에 이르기까지 49재의 현장교본이 되고 있다.

49재 중에서도 야외에서 괘불掛佛을 모시고 대규모로 진행될 경우 영산재靈山齋라 일컫는다. 영산재는 독경·염송과 함께 불교음악인 범패梵唄와 불교무용인 범무梵舞가 어우러지는 '바깥차비' 중심의 대규모 재로 종합불교예술의 면모를 지니고 있다.

일제강점기에 전통적 요소를 말살하고자 했던 일제가 범패와 작법을 금지시켰으나 경만 읽고 범패를 부르지 않는 절에는 재가 잘 들어오지 않았다. 따라서 재가 있는 한 범패 역시 함께했던 역사적 사실 등으로 미루어볼 때, 49재를 의뢰하는 이들은 가능하면 범패와 범무 등 다채로운 요소가 어우러진 49재를 추구한다는 점을 알 수 있다. 이처럼 기본적으로 영산재 방식의 49재를 지향하는 가운데, 대다수 백성의 49재는 '안차비' 중심의 소규모 재를 중심으로 계승해왔다.

제3장

사십구재, 어떻게 진행되는가

01

49재는 크게 의례규모에 따라 법당 안에서 행하는 안차비 중심의 상주권공재와 야외에서 주로 행하는 바깥차비 중심의 영산재로 대별된다.

사십구재의 종류와 의례구조

49재의 종류는 상주권공재 · 영산재 · 시왕각배재 등으로 나눌 수 있으나 기본적인 의미와 구조는 동일하다. 상주권공재(常住勸供齋)는 일반적으로 많이 지내는 소규모 재이며 법당 안에서 염송 위주로 진행되므로 안차비 중심의 재라고도 한다. '상주권공'이라는 말은 시방(十方)에 항상 거주하는(常住) 삼보를 향해 공양을 올린다(勸供)는 말로, 불보살을 모신 상단을 중심으로 진행된다는 의미를 담고 있다.

시왕각배재(十王各拜齋)는 시왕사상이 반영된 것으로,

상주권공재에 더하여 명부시왕의 제단을 차려 놓고 각각 공양을 올리는 의식이 추가된 재이다. 대례왕공재라고도 하며 조선 후기에 널리 행하였으나 근래에는 잘 지내지 않고 있다. 따라서 49재는 크게 의례규모에 따라 법당 안에서 행하는 안차비 중심의 상주권공재와 야외에서 주로 행하는 바깥차비 중심의 영산재로 대별된다.

영산재는 상단권공의 기본구조를 확대하여 석가모니가 영취산에서 《법화경》을 설법한 영산회상靈山會上의 법회를 상징하고자 영산작법에 따라 행하는 대규모의 재이다. 따라서 당시 석가모니의 법문을 듣기 위해 모여든 영산회상의 모든 대중에게 공양을 올리며 함께 그 법회에 동참하고자 하는 바람을 담고 있다. 이는 영산재의 소의경전이 《법화경》임을 뜻하는 것이며, 상주권공재 역시 마찬가지이지만 작법이 제외되므로 축소된 영산재에 해당한다. 영산재는 야외에 대형불화인 괘불을 내걸고 범패와 나비춤 · 바라춤 · 법고춤 등으로 불법을 찬탄하며 대규모로 진행되는 종합예술적 성격을 지니고 있어 중요무형문화재 제50호로 지정 전승되어 오고 있다.

그런데 주로 천도재에서 영산작법을 행하였기 때문에 영산재가 곧 천도재·49재인 것으로 여기는 경우가 많다. 그러나 석가모니 당시의 영산회상 설법 모임을 나타낸 본래 의미처럼 천도재뿐만 아니라 다른 의례에서도 영산작법을 행할 수 있다. 다만 17세기 무렵의 초기 관련 기록에는 영산재가 아니라 영산회·영산작법이라는 명칭으로 등장하면서, 본재本齋를 치르기 전에 행하는 작법이자 불보살을 향한 상단권공의 하나였던 것으로 여겨진다. 즉, 하나의 총체적인 영산재로 체계화되기 이전에는, 의례의 종류와 무관하게 영산작법을 행함으로써 의례공간을 석가모니의 설법 모임 당시로 상징하면서 시작코자 했던 것이다.

이후 1721년 경기도 양주 중흥사重興寺에서 개간된 《천지명양수륙재의범음책보집天地冥陽水陸齋儀梵音刪補集》에

'영산재'라는 용어가 등장하고 있어 18세기 전반에는 이미 영산재의 명칭이 사용되었음을 확인할 수 있다. 따라서 영산재는 어느 시기엔가 기승전결을 갖춘 하나의 완결된 천도재로 확고히 자리잡게 되어 현재의 《석문의범》에 제시된 바와 같이 49재의 한 유형으로 널리 행해지게 되었을 것이다.

49재는 망자를 보다 좋은 곳으로 보내기 위한 목적에 따라 체계적인 의례구조와 의례요소를 갖추고 있다. 아울러 '보다 좋은 곳'이라는 바람은 49재의 현장에서 '극락'이라는 최상의 목표로 추구되게 마련이다. 49재가 본래의 의미에 충실하기 위해서는 임종 후 첫 7일에 치르는 초재에서 시작하여 2재·3재·4재·5재·6재의 점진적 단계를 거쳐 막재에 종합적인 의례로써 클라이맥스를 이루며 종결되어야 한다.

그러나 49일째 되는 날 치르는 막재는 그 자체로 의례적 완결성을 지니고 있을 뿐만 아니라 유족의 상황에 따라 막재만으로 49재를 치르기도 하여, 막재를 곧

49재라 일컫기도 한다. 따라서 49재의 의례내용은 재의 의미가 총체적으로 집약된 막재를 중심으로 살펴보는 것이 일반적이다.

망자의 극락천도라는 목표를 달성하기 위한 49재의 구조는 크게 다섯 단계로 구분해볼 수 있다. 즉, 망자를 맞이하는 단계, 망자가 생전에 지은 업을 씻어주는 단계, 불보살에게 망자의 극락왕생을 기원하는 단계, 망자에게 제사를 지내며 불법을 들려주는 단계, 망자를 떠나보내는 단계로 진행된다. 따라서 이 글에서는 49재의 의례구조를 '맞이하기-씻기-기원하기-제사지내기-보내기'의 다섯 단계로 분류하여 다루고자 한다표1 참조.

〈표1〉 49재의 의례단계와 내용

의례목표	망자의 극락천도				
의례단계	1단계 맞이하기	2단계 씻기	3단계 기원하기	4단계 제사지내기	5단계 보내기
의례내용	영가를 맞이함	영가가 생전에 지은 업을 씻어냄	영가를 위해 불공을 올림	영가에게 제사를 지내며 불법을 들려줌	영가를 떠나보냄

이러한 다섯 단계는 필자가 편의상 구분한 것이며 실제 49재는 '대령-관욕-상단권공-중단권공-관음시식-봉송-소대의례'와 같은 세부적인 절차로 진행된다. 이는 49재의 일반적 유형인 상주권공재 방식에 따른 것이며 필자가 나눈 5단계에 따라 각각의 절

〈표2〉 49재(상주권공재)의 절차

의례단계	의례절차	의 미
준비단계	육법공양六法供養	유족이 재를 연 주체로서 법당의 각 단에 삼배와 육법공양을 올림
1단계	대령對靈	영가를 맞아들여 간단한 음식을 대접함
2단계	관욕灌浴	지의紙衣를 태우는 상징적 행위로써 영가가 생전에 지은 업을 씻음
3단계	상단권공上壇勸供	상단불단의 불보살에게 공양을 올리며 영가의 극락왕생을 발원함
3단계	중단권공中壇勸供	중단신중단의 신중에게 공양을 올리고 기원함
4단계	관음시식觀音施食	하단영단의 영가에게 음식을 대접하며 제사를 지내고 불법을 들려줌
5단계	봉송奉送	영가를 떠나보냄
5단계	소대의례燒臺儀禮	소대에서 망자의 옷과 의례에 사용된 물건을 태움
후속단계	법식法食	재에 참석한 대중이 함께 공양물을 나누어 먹음

차와 의미를 살펴보면 〈표2〉와 같다. 아울러 공식적인 절차는 아니지만 의례의 전후에 행하는 준비단계와 후속단계도 함께 다루었는데, 이후 이러한 단계에 따라 49재의 의례내용을 살펴보고자 한다.

4단계에서 영가에게 올리는 시식을 '관음시식'이라 부르는 것은 의례의 주 대상이 되는 불보살을 관세음보살이라 본다는 의미이다. 망자나 재자의 성향에 따라 석가모니불이나 아미타불·지장보살 등을 모실 수도 있으나, 관음신앙은 한국불교에서 가장 뿌리 깊게 내린 신앙이기에 사후에도 관세음보살에 의지하는 경향이 크다. 아울러 상주권공재와 영산재가 소의경전으로 삼고 있는 《법화경》 가운데 〈관세음보살보문품〉이 가장 신앙적 성격이 강하고, 《법화경》에 하단시식의 의례대상으로 관세음보살이 등장하고 있기에 49재에서도 일반적으로 관음시식이라 일컫는 것이다.

그런데 실제 49재에서는 서방 극락세계를 다스리는

아미타불을 주불로 하여 협시불인 관세음보살·대세지보살이 함께하는 아미타삼존이 주 의례대상이 되기도 한다. 이후의 의식순서는 대한불교조계종 포교원의 《한글통일법요집》과 심상현의 《불교의식각론》을 참조하여 재구성하였다.

02 준비단계

유족은 의례준비가 갖추어진 법당에 들어와 맨 먼저 상·중·하단의 초월적 존재들을 향해 일련의 종교적 행위를 하게 된다.

49재를 하는 날 법당에 여러 가지 장엄요소가 추가되기도 한다. 법당 안팎의 문과 영단 등에 각종 번幡을 거는 것이 대표적인데, 번이란 불교의식을 행할 때 불보살의 공덕을 나타내기 위해 천과 한지 등으로 만들어 거는 일종의 깃발을 말한다. 49재에서는 주로 한지를 세로로 길게 만들어 달게 된다.

번의 내용은 영가의 극락천도와 유족의 평안함을 기원하기 위해 여러 불보살의 명호를 중심으로 불법을 찬탄하는 글귀와 마魔를 물리치는 진언 등이 주를 이룬다. 아울러 명부계에서 망자의 업을 심판하는 시왕과 사자·판관·신장 등의 명호를 적고 망자의 극락왕생을 청하는 내용을 담기도 한다.

또한 흰 종이를 사람 모양으로 오린 넋전-錢과, 저승에서 노자로 사용하도록 만든 커다란 지전紙錢을 법당에 장식하는 경우도 있다. 넋전과 지전은 무속에서도 넋굿을 할 때 사용하는 중요한 상징물이므로 불교와 무속의 교류를 살펴볼 수 있는 요소이다.

특히 영단에 넋전을 걸어 놓는 것은 영가가 의지하도록 하기 위한 것인데, 하나만 거는 것이 아니라 재에 추청한 여러 고혼을 나타내고자 3위 또는 6위를 모시게 된다.

또한 지전은 신라시대에 월명대사가 죽은 여동생을 위해 〈제망매가〉를 지어 부르며 제사를 지낼 때의 기록에 등장한 바 있다. 제사를 지내던 중 갑자기 회오리바람이 불어와 지전을 서쪽으로 날려 보내 누이의 노자를 삼게 했다는 것이다.

이윽고 49재를 시작할 시간이 가까워지면, 유족은 의례준비가 갖추어진 법당에 들어와 맨 먼저 상·중·하단의 초월적 존재들을 향해 일련의 종교적 행위를 하게 된다.

우리나라 법당의 기본구조는 상·중·하단으로 이루어져 있어 세 단계의 신격을 모시고 의례를 치르는 특성을 지닌다. 곧 중앙의 상단은 불단이라 하여 불보살을 모시고, 동쪽 또는 서쪽 벽에 중단인 신중단을 설치하여 불법을 수호하는 여러 신들을 모시게 되며, 반대편 벽에는 하단인 영단을 마련하여 영가를 모시는 것이다 그림1 참조.

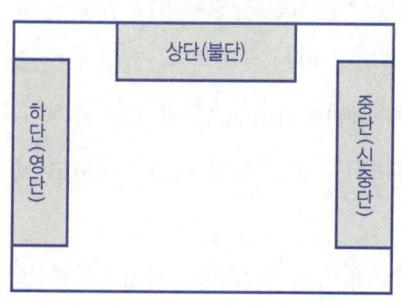

〈그림1〉
한국 법당의 3단구조

이처럼 하나의 법당에 여러 차원의 세계를 수용하여 삼단체계를 갖추고 있는 것이 우리나라 사찰의 독특한 법당구조라 할 수 있다. 이에 평소에도 신앙심 깊은 신도들은 법당에 들어오면 상단·중단에 이어 영단에도 절을 올리며 대중의 천도를 빌어주게 된다.

따라서 49재를 치르는 유족은 평소 법당에 들어섰을 때와 마찬가지로 불단상단과 신중단중단에 각 3배를 올린 후 영단하단에도 절을 함으로써 각각의 초월적 존재들에게 의례주체의 입장에서 경배를 올리게 된다. 이후 유족은 각 단에 향香을 피우고, 새 초를 가져와 불燈을 밝히고, 다기의 물茶을 깨끗한 청정수로 살아 채움으로써 가장 기본적인 공양행위를 몸소 행하게 된다. 이러한 행위를 하는 유족의 몸짓은 매우 조심스럽고 신중하게 마련이어서, 그들이 49재를 치르기 위해 법당에 들어서는 순간 이미 재는 시작되고 있는 것이나 다름없다.

유족이 올리는 향과 등과 차는 꽃·과일·쌀과 함

께 불보살에게 올리는 육법공양물 香·燈·花·果·茶·米의 기본적인 내용물에 해당한다. 육법공양물은 각각 해탈향解脫香 · 반야등般若燈 · 만행화萬行花 · 보리과菩提果 · 감로다甘露茶 · 선열미禪悅米의 의미를 지니고 있다.

평소에도 매일 새벽마다 스님들은 불전에 향 · 등 · 차를 새롭게 올린 후 하루 일과를 시작하며, 사시에는 밥을 지어 마지로써 쌀 공양을 올리고, 수시로 과일과 꽃을 갈아줌으로써 불단에는 항시 육공양물을 갖추어 놓게 된다.

그런데 이처럼 불단에서부터 시작하여 신중단 · 영단에 이르기까지 향과 등과 차를 새롭게 올리는 행위는 의례의 독자성을 드러내는 것이고, 재가 시작되기 전에 유족의 손으로 직접 행하도록 하는 것은 의례의 주체를 분명히 밝히는 것이라 할 수 있다. 망자의 극락천도를 발원한 주체로서, 49재를 맞아 새로운 정성을 들인 공양물로써 초월적 존재들을 모시겠다는 뜻을 읽을 수 있는 것이다.

유족이 초월적 존재에게 절을 올리는 예는 재가 시작된 이후에도 몇 차례 거듭되지만, 공양물을 새롭게 올리면서 행하는 첫 의식이라는 점에서 중요한 의미를 지닌다. 곧 본격적인 재가 시작되기 전에 초월적 존재들과 '망자의 극락천도'라는 의례목적을 공유하기 위한 최초의 시도라 하겠다.

# 03

대령에서의 이러한 행위는 일반재사에서 조상의 혼백을 모시는 강신降神의 의미와 유사함을 알 수 있다.

1단계 : 맞이하기(대령)

대령의 순서와 의미

대령對靈은 49재의 주인공인 영가를 맞이하는 단계이다. 영가는 대개 우리가 알 수 없는 먼 곳에서 오는 존재로 여기게 마련이다. 따라서 영단에 위패와 영정을 모시고 먼 길을 온 영가를 청한 뒤, 국수나 간단한 요기로 대접하는 가운데 재를 열게 된 취지를 밝히고 영가가 나아갈 길을 불법에 따라 들려주게 된다. 이때 유족은 차례대로 차를 올리고 절을 하면서 영가와 대면하는 인사를 드리는데, 대령에서의 이러한 행위는 일반제사에서 조상의 혼백을 모시는 강신降神의 의미와 유사함을 알 수 있다.

근래에 행하고 있는 49재의 대령의식을 살펴보면 거불－대령소－지옥게－창혼－착어－진령게－고혼청－향연청·가영 등의 과정으로 진행된다. 대령을 포함하여 모든 단계에서 행하는 의식의 과정은 행위로 구분되기보다 스님이 읊는 염송의 순서를 의미하는 경우가 많다. 재에 참석한 이들은 스님이 이끄는 대로 의식순서에 적합한 행동을 하게 되므로, 세부 의식의 의미를 알면 49재의 각 단계를 이해하는 데 큰 도움이 될 수 있다

① 거불擧佛: 아미타부처, 관음·세지 양대 보살, 인로왕보살 등 영가의 왕생을 이끌어줄 3불께 귀의하면서 의식공간에 청해 모신다. 이때 삼배를 올린다.
② 대령소對靈疏: 영가를 청하고자 읊는 소疏로, 내용은 세 부분으로 구성되어 있다. 첫째, 끝없이 윤회를

거듭하는 중생의 사바세계가 고통의 세계임을 밝히고, 영가의 각성을 이끌며 고통으로부터 벗어나는 길이 불법에 있음을 제시하는 내용이다. 둘째, 유족의 주소와 이름, 망자의 이름을 밝히며 불보살의 위력으로 고인의 극락왕생을 발원코자 49재를 열게 되었음을 고하는 내용이다. 셋째, 불보살의 공덕과 영가의 지혜로 깨달음을 얻어 밝은 길로 나아가기를 바라는 내용이다.

③ 지옥게^{地獄偈}: 49재의 주인공인 영가뿐만 아니라 지옥에서 고통받는 중생까지 청하는 게송이다.

④ 창혼^{唱魂}: 유족의 주소와 이름, 망자의 이름을 밝히면서 유족이 영가를 간절히 부르는 내용의 의식문이다.

⑤ 착어^{著語}: 나고 죽음이 본래 허망하여 실상만이 영원한 것임을 일깨우고, 오늘 이 자리에서 법공양을 받아 깨달음을 향한 도리를 얻도록 영가에게 내리는 법어이다.

⑥ 진령게振鈴偈: 요령을 울려 영가를 대령장소의 향단 香壇으로 청하는 게송이다.

⑦ 고혼청孤魂請: 영가를 향단으로 영접하여 공양을 받도록 청하는 의식문이다.

⑧ 향연청香煙請·가영歌詠: 영가에게 흠향과 예불을 권하는 의식문으로, 내용은 두 부분으로 구성되어 있다. 첫째, 향을 사르면서 유족의 마음을 실어 영가를 청하고 고혼청에 응한 영가를 찬탄하는 내용이다. 둘째, 향단에 준비된 영반靈飯을 흠향할 것과, 향처럼 맑고 향기로우며 등처럼 밝은 본래 마음을 회복할 것을 바라는 내용이다.

지금까지 살펴본 대령의 내용에 따르면 앞서 '재와 제의 차이'에서도 다루었듯이, 불교에서는 개인의 49재라 하더라도 해당 망자만이 아니라 수많은 고혼과 명부중생을 천도의 대상으로 모시고 있음을 알 수 있다. 즉, 천도되지 못한 채 방황하는 고혼과 육도 중 최악의 지옥도에서 고통받는 중생을 구하기 위해 49재의 영단에 함께 모시고 있는 것이다.

대령·관욕의 장소와 시기

현재 대령과 관욕을 행하는 장소와 시기를 둘러싸고 사찰 간에 차이를 보이고 있는데, 의례에 대한 이해를 돕고자 이에 대해 간략히 살펴보면 다음과 같다.

먼저 대령의 장소는 대개 49재를 치르는 법당의 영단에서 이루어지는 것이 일반적이다. 그런데 본래 대령과 관욕은 법당이 아닌 별도의 공간에 단을 마련하여 행하도록 되어 있으며 주로 해탈문^{불이문} 밖에서 이루어졌다. 이는 대령 다음에 오는 관욕이 망자가 생전에 지은 업을 씻는 단계라는 데서도 알 수 있듯이, 영가는 오염된 속俗의 세계에 속한 존재이므로 정화가 이루어지지 않은 상태에서 성聖의 세계인 법당에 들어올 수 없다고 보았기 때문이다. 따라서 해탈문 밖의 어느 공간에서 영혼을 청해 모신 뒤^{대령}, 그곳에서 불보살 앞으로 나아가기 위해 생전의 죄업을 씻는^{관욕} 구도를 갖추고 있는 것이다.

이러한 사실을 나타내는 사례로, 순천 송광사에는 일주문 근처에 영가의 대령과 관욕을 행하는 용도로 사용했던 두 채의 작은 집이 나란히 세워져 있다. 이들 전각은 각기 남자영가를 위한 척주당滌珠堂과 여자영가를 위한 세월각洗月閣이라는 이름을 지니고 있는데, 이곳에서 먼저 영가를 모시고 속세의 업을 씻은 다음에 비로소 법당을 향했던 셈이다.

그러나 49재가 이루어지는 현장에서는 스님과 유족들이 장수를 옮겨 다녀야 하는 번거로움 때문에 대부분 법당의 영단 앞에서 대령을 행하고 있는 것이다. "전통방식대로 49재를 지내면 신도들이 부담스러워한다."는 스님들의 말처럼, 불교를 떠나 모든 의례가 점차 간편함을 추구하게 되는 것은 공통된 현상이기도 하다.

한편으로는 관욕장소로 사용할 만한 공간이 없는

사찰도 많기 때문에 이러한 공간 부족문제가 앉은자리에서 모든 의례를 치르는 이유가 되기도 한다. 따라서 대부분의 사찰에서 대령과 관욕을 법당 안에서 행하는 반면, 드물게 법당 바깥의 별도공간에서 행하는 사찰의 경우는 이러한 전통적 의미를 중요하게 생각하기 때문일 것이다.

다음으로 대령과 관욕을 행하는 시기 역시 마지막 재에서만 행하는 것이 관례이다. 그런데 49재는 초재에서 막재까지 일곱 번에 걸쳐 치르는 의례이기 때문에, 대령과 관욕을 행하는 의미를 생각해 보면 초재 때 행하는 것이 옳다. 초재부터 망자는 법당의 영단에 정식으로 자리하게 되므로 처음 영가를 모시기 전에 대령과 관욕을 한 후 법당에 들어와야 할 것이기 때문이다.

《영가천도》의 저자인 우룡스님 역시 이러한 의미에서 대령·관욕 의례를 반드시 초재 때 행해야 함을 강조하였는데, 그는 대령·관욕을 마지막 재에서 하게 된 것은 일곱 번의 재를 모두 올릴 수 없었던 가난한 시절의 풍습이 그대로 이어져왔기 때문인 것으로 보았다. 즉, 조선시대에는 집안에 상청喪廳을 마련해 놓고 망혼을 모시다가 49일만 절에 와서 재를 지냈으나, 일곱 번의 재를 모두 지내는 요즈음에는 의례의 순서를 바꿀 필요가 있다는 것이다.

또한 초재 때 대령과 관욕을 올리고 막재 때 다시 행해도 좋다는 의견을 덧붙이고 있다. 막재는 마지막으로 영가를 떠나보내며 치르는 대규모 의식이기 때문에, 새롭게 법당에 들어와서 업을 씻는 기승전결의 의례과정을 모두 갖추는 것이 바람직할 수 있다는 해석으로 여겨진다.

이와 관련하여 실제는 초재를 치르기 전부터 이미 법당에 영가가 자리하게 되므로 초재 때 대령·관욕을 행하는 것 또한 재고의 여지가 있다. 왜냐하면 매장이나 화장을 치른 날 사찰에 와서 망자의 영정과 위패를 법당의 영단에 안치한 채 반혼재返魂齋를 올리면서 입재入齋하기 때문이다. 막재만 하거나 횟수를 줄이지 않고 일곱 번을 모두 치르는 경우 반혼재는 반드시 하게 되는데, 반혼재 역시 영가를 영단에 모시는 의미 속에서 이루어지는 것이기에 영가가 법당에 들어오는 첫걸음에 해당한다.

이처럼 49재가 일곱 번에 걸친 칠칠재라는 데 초점을 맞추다보면 실제 칠칠재 이전에 행하는 반혼재의 의미를 놓치고 초재를 49재의 시작이라 여길 수 있다. 따라서 막재 자체를 49재라 여기기도 하듯이 49재의 모든 의례적 의미가 막재에 집약되어 있다는 점, 반드시 일곱 번을 하는 것이 아니라 막재만 치르기도 한다는 점을 염두에 둘 때, 혼란을 막기 위해 초재에서는 생략하고 막재에서 대령·관욕을 행하는 것도 무방하다고 여겨진다.

04

관욕에서는 영가의 삼업을 청정하게 씻어줌으로써 불보살 앞으로 나아갈 수 있도록 하는 것이다.

2단계 : 씻기(관욕)

속에서 성으로 진입

관욕灌浴은 영가가 생전에 지은 업을 씻어내는 단계이다. 내개 영단 옆에 병풍을 쳐서 관욕단을 만든 뒤 재를 주관하는 스님의 염송에 따라 의례를 진행하게 된다. 불교에서는 인간이 살아가면서 지은 업은 몸(身)과 입(口)과 마음(意)으로 지은 것이라 하여 이를 삼업三業이라 부른다.

따라서 관욕에서는 영가의 삼업을 청정하게 씻어줌으로써 불보살 앞으로 나아갈 수 있도록 하는 것이다.

스님의 염송 내용 가운데서도 '번뇌의 때'라는 말이 자주 나오는데, 삼업은 곧 중생의 번뇌에서 비롯되기 때문에 번뇌에서 벗어남으로써 해탈에 이를 수 있음을 의미하는 것이다.

병풍 뒤에는 씻음의 의식을 드러내는 각종 소품들을 갖추어 놓게 된다. 우선 영가를 나타내고자 종이로 작은 바지저고리 모양을 만든 지의紙衣를 두고, 물을 담은 대야에 향을 띄워 향탕수를 만든 뒤 씻을 물로 삼게 된다. 또한 세면도구 일습으로 비누·칫솔·치약 등을 진열하고 수건을 병풍에 걸어 놓게 되며, 목욕 후에 갈아입을 한복 한 벌과 신발 등을 갖추어 놓게 된다.

이 외에 기왓장과 긴 부젓가락은 지의를 태울 때 필요한 물건들로, 병풍 바깥에 있는 이들은 마지막 지의를 태울 때의 종이 타는 냄새와 연기를 통해 병풍 뒤에서 진행되는 의식의 의미를 짐작해보기도 한다. 이처럼 산 사람이 씻을 때와 마찬가지로 세면용구 및 갈아입을 옷을 배치함으로써 씻음의 과정을 시각적으로 드러내게 된다.

이윽고 관욕이 시작되면 영단에 있는 망자의 영정과 위패, 향로와 촛대 등을 병풍 뒤로 옮겨놓고 의식을 행한다. 이때 병풍 바깥의 스님은 영가의 업과 번뇌를 씻어주기 위한 염송과 함께 관욕절차에 따라 여러 가지 진언眞言을 외우고, 병풍 뒤의 스님은 진언의 내용에 맞추어 지의를 향탕수에 적셨다가 태움으로써 생전의 업을 깨끗이 씻고 새 법의法衣를 갈아입는다는 의미를 상징적으로 나타내는 것이다.

아울러 증명법사證明法師의 역할을 맡은 또 다른 스님이 병풍 앞에 앉아 진언에 따라 독특한 손모양의 결수結手를 취하게 되는데 영산재가 아닌 49재에서는 생략하는 경우가 많다. 이러한 의식을 통해 청정한 상태가 된 영가는 불보살 앞에, 그리고 극락세계에 나아갈 수 있는 존재로 새롭게 태어나는 것이다.

특히 진언은 49재의 다른 절차에서도 나오지만 관욕단계에서 집중적으로 염송된다. 말 그대로 '거짓

없는 진실된 언어'라는 뜻의 진언은, 중생의 언어가 아닌 부처의 참된 경지를 나타내는 신성한 주문이라 할 수 있다. 진언을 번역하지 않는 이유는 원문의 전체 뜻이 한정되는 것을 피하고, 밀어密語라 하여 다른 이에게 비밀히 하기 위함이다. 진언을 외우면 아무리 많은 말을 들어도 잊지 않고 끝없는 이치를 알게 되며 모든 장애와 재난을 없애고 복덕을 얻는다는 밀교적 성격을 지닌다.

관욕은 속의 존재였던 영가가 업을 씻고 성의 존재로 변화하는 중요한 단계이기 때문에 세부적인 절차마다 신비로운 주문을 외움으로써 영험함을 얻고자 하는 것이다.

관욕의 순서와 의미

관욕은 수십 가지의 절차로 진행되며 비슷한 의식이 거듭되는 것은 생략하기도 한다. 이 글에서는 크게 다음의 일곱 단계의 순서로 구분하여 살펴보고자 한다.

첫째, 의례에 참석한 대중들이 함께 마음을 모아 여러 영가를 두루 관욕실로 청한다[引詣香浴]. 둘째, 불보살의 신묘함으로 향탕수를 갖추어 망혼이 업을 씻고 청정자유를 누리게 되었음을 고하며 대중에게 관욕의 준비가 완료되었음을 알린다[加持澡浴]. 셋째, 관욕을 무사히 마치고 삼보의 불가사의한 힘에 의해 여러 영가가 입었던 명부의 옷[冥衣]이 해탈복으로 변하게 되었음을 고한다[加持化衣]. 넷째, 해탈복을 여러 영가에게 내려 법다운 옷을 갖추도록 한다[授衣服飾]. 다섯째, 목욕을 마치고 해탈복을 갈아입은 영가가 드디어 불단으로 향하기 위해 관욕단을 떠나게 됨을 알린다[出浴參聖]. 여섯째, 영가가 청정한 법의 자리인 불단에 이르러 삼보를 친견하게 되었음을 알린다[加持禮聖]. 일곱째, 부처님의 법력을 빌어 모든 영가를 영단에 편안히 모신다[受位安座].

이러한 절차에 따라 진행되는 관욕의 순서와 의미를 상세하게 살펴보면 다음과 같다.

(1) 인예향욕 引詣香浴 … 의례에 참석한 대중들이 함께 마음을 모아 여러 영가를 두루 관욕실로 청한다는 내용의 의식문이다.

① 천수대비주 千手大悲呪 · 반야심경 般若心經: 〈천수다라니〉와 〈반야심경〉을 염송한다. 천수다라니를 외워 시방세계 불보살의 증명 하에 죄업을 소멸시키며, 반야심경을 외워 고통의 사바세계를 벗어나 피안에 이르게 하는 지혜를 일러주는 의미를 담고 있다.

② 정로진언 淨路眞言: 영가를 청정무구한 깨달음의 길로 인도하는 진언이다.

③ 입실게 入室偈: 관욕실로 들어가게 된 영가를 찬탄하며 번뇌의 때를 씻고 본래자리로 돌아가게 되었음을 알리는 게송이다. 이때 영단의 위패, 향로와 촛대를 관욕단으로 옮기고 모두 병풍을 향한다.

(2) 가지조욕 加持澡浴 … 불보살의 덕으로 향탕수를 갖추어 영가가 업을 씻고 청정자유를 누리게 되었음을 고

하며 대중에게 관욕의 준비가 완료되었음을 알리는 의식문이다.

① 관욕게灌浴偈: 관욕이 이루어짐을 알리며 여러 영가가 청정한 세계에 이르기를 기원하는 게송이다.

② 목욕진언沐浴眞言: 목욕으로써 몸으로 지은 신업身業을 청정하게 하는 진언이다. 병풍 뒤에서는 지의를 향탕수에 살짝 담그며, 병풍 앞의 증명법사는 목욕진언에 해당하는 결수를 한다.

③ 작양지진언嚼楊枝眞言: 입으로 지은 구업口業을 청정하게 하는 진언이다. 스님들은 버드나무 가지(楊枝)를 씹어(嚼) 이를 닦았기 때문에 입으로 지은 구업을 씻는다는 의미를 담고 있다. 증명법사는 작양지진언에 해당하는 결수를 한다.

④ 수구진언漱口眞言: 물로 입 안을 헹구어냄으로써 입으로 지은 구업을 씻는 진언이다. 증명법사는 수구진언에 해당하는 결수를 한다.

⑤ 세수면진언洗手面眞言: 얼굴과 손을 씻음으로써 마음

으로 지은 의업意業을 청정하게 하는 진언이다. 증명 법사는 세수면진언에 해당하는 결수를 한다.

(3) 가지화의加持化衣 … 관욕을 무사히 마치고 삼보의 불가사의한 힘에 의해 여러 영가가 입었던 명부의 옷[冥衣]이 해탈복으로 변하게 되었음을 고하는 의식문이다.
① 화의재진언化衣財眞言: 법력으로써 명의를 해탈복으로 변화시키는 진언이다. 병풍 뒤에서는 지의를 불에 태우며, 화의재진언에 해당하는 결수는 없다.

(4) 수의복식授衣服飾 … 해탈복을 여러 영가에게 내려 법다운 옷을 갖추도록 하는 의식이다.
① 수의진언授衣眞言: 해탈복을 영가에게 전달하는 진언이다. 증명법사는 오른손으로 수의진언에 해당하는 결수를 하고 왼손으로 물을 뿌린다.
② 착의진언着衣眞言: 영가에게 해탈복을 착용하도록 하는 진언이다. 증명법사는 착의진언에 해당하는 결

수를 한다.

③ 정의진언整衣眞言: 영가가 해탈복을 받아 입고 옷매무새를 정돈하도록 하는 진언이다. 증명법사는 정의진언에 해당하는 결수를 한다.

(5) 출욕참성出浴參聖 … 목욕을 마치고 해탈복을 갈아입은 영가가 드디어 불단으로 향하기 위해 관욕단을 떠나게 됨을 알리는 의식문이다.

① 지단진언指壇眞言: 영가를 불단으로 인도하는 진언이다. 관욕단을 정돈하고 위패를 내어 유족이 모시고 불단을 향하게 하며, 증명법사는 지단진언에 해당하는 결수를 한다.

② 법신송法身頌: 법신의 광명이 무량함을 찬탄하는 게송이다.

③ 가영歌詠 · 산화락散花落: 꽃을 뿌려 영가의 앞길을 장엄하면서 찬탄하는 게송이다. 아울러 불단까지 인도해줄 인로왕보살께 귀의하는 의식을 행한다.

④ 정중게庭中偈: 법당에 이르렀음을 찬탄하는 게송이다. 본래 관욕은 법당 밖에서 행하였기에 대웅전 앞마당인 중정中庭으로 들어섬을 의미한다. 법당 안에서 관욕을 한 경우 이때는 정중게와 개문게를 생략해도 무방 에는 불단 앞에서 정중게를 행하며 상주가 위패를 모시고 모두 불보살 앞에 삼배를 올린다.

⑤ 개문게開門偈: 불보살을 친견하게 되었음을 찬탄하는 게송이다.

(6) 가지예성加持禮聖 ··· 영가가 청정한 법의 자리인 불단에 이르러 삼보를 친견하게 되었음을 알리는 의식문이다.

① 보례삼보普禮三寶: 불단 앞에 선 대중과 영가가 삼보를 향해 예를 올리는 의식이다.

② 의상조사법성게義湘祖師法性偈: 석가모니가 깨우친 《화엄경》의 도리를 정리하여 찬탄한 게송이다. 대중이 다함께 법당을 돌면서 읊는다.

(7) 수위안좌受位安座 … 불보살의 법력을 빌어 모든 영가를 영단에 편안히 모시는 의식문이다.

① 수위안좌진언受位安座眞言: 영가를 영단에 안좌케 하는 진언이다. 영가가 흠향할 수 있도록 간단한 수반을 올린다.

② 다게茶偈: 영단에 안좌한 영가에게 차를 올리는 게송이다.

【 고혼을 상징하는 남신구와 여신구 】

관욕을 실시하는 병풍 뒤에서는 망자를 나타내는 상징물로 종이로 만든 지의紙衣를 사용한다. 그런데 하나의 지의가 아니라 남녀 한 쌍을 두어 여신구女神軀·남신구男神軀라는 명칭을 써놓게 된다. 따라서 마치 저승에서도 짝을 이루어 살기를 바라는 듯 여겨지기도 하지만, 여신구·남신구는 해당 영가를 포함한 모든 고혼을 대상으로 관욕을 실시한다는 의미를 나타내는 것이다.

개인을 위한 49재 하더라도 의지할 데 없이 외롭게 떠다니는 고혼을 함께 주인공으로 모시는 것은 재래종교의 기복적 성격을 넘어 중생구제에 근원을 두고 있는 불교 천도재의 이념을 담고 있는 것이기도 하다.

1800년대의 불교의식집인 《작법귀감》〈하단관욕규〉에는 천도재에 초청한 대상을 구체적으로 세분하여 밝혀놓았다. 이에 따르면 중앙에는 천류天類와 제왕, 동쪽에는 장상將相과 남신, 서쪽에는 후비后妃와 여신을 모시도록 3칸 6소의 단을 꾸미도록 하였다. 모든 고혼을 청함에 있어서도 천계 및 왕의 존재를 별도로 모시고 남녀를 분리하여 3개의 방에 2개씩의 관욕단을 갖추게 한 것이다.

불교적으로 설명한다면 영가는 생전의 업이 아직 남아 있는 상태이므로 그 근기에 따르기 때문이라 하겠다. 따라서 대규모 천도재를 지낼 때는 3칸 6소의 관욕단을 차리게 되며, 영단에 넋전을 걸어 놓을 때도 하나만 거는 것이 아니라 3위 또는 6위를 모시는 것이다.

【 영가의 길을 상징하는 소창 】

관욕을 할 때 병풍에 길고 흰 무명천을 걸어 놓는 경우가 많은데 사찰에서는 이 천의 이름을 '소창'이라 부른다. 주로 병풍에서 바닥까지 L자 모양으로 꺾어 불단을 향하도록 깔아놓거나 병풍 위에 W자 형태로 겹쳐 늘어뜨리게 된다. 관욕에서 소창은 '영가가 가는 길'을 드러내는 종교적 상징물의 구실을 훌륭하게 수행하고 있다. 불단을 향해 길게 깔아놓은 모습은 관욕을 마친 뒤 불단 앞으로 나아가는 영가의 길을 연상케 하며, 희고 깨끗한 이미지는 망혼의 업을 정화시켜 주는 상징성을 지니고 있기 때문이다

그런데 무속에서도 이 천을 질베길베라 부르면서 넋굿을 할 때 망자의 저승길을 가르거나 닦아주는 데 사용하고 있다. 즉, 긴 천의 네 모퉁이를 잡아당기는 가운데 천의 중앙을 가르며 끝까지 통과함으로써 망자의 저승길을 시원하게 갈라주거나, 무당이 넋을 담은 넋당석 또는 용선龍船을 베 위에서 좌우로 조금씩 밀며

저승길을 닦아주는 것이다.

따라서 상대적으로 민속적 요소를 많이 수용하는 종단의 사찰에서는 소창을 병풍에 걸어 놓기만 하는 것이 아니라, 유족이 원할 때 길가르기나 길닦기를 해주기도 한다.

【 몸의 씻음과 영혼의 씻음 】

불교상례에서는 몸을 대상으로 한 습(襲)과 영혼을 대상으로 한 관욕으로 두 차례에 걸친 씻음의 의례가 행해지고 있음을 알 수 있다. 장례 때 행하는 습이 몸의 씻음이었다면 관욕은 영혼의 씻음에 해당하는 셈이며, 이때 영혼의 씻음은 곧 업을 씻는 것이라 하겠다. 습과 관욕은 이전세계(이승)에서 다른 세계(저승)로 진입하고자 할 때 필수적으로 따르는 정화의 단계로, 일반상례와 달리 체계적인 내세관을 지닌 불교에서는 망자의 주검을 처리하고 난 이후에 다시 영혼을 대상으로 한 씻음의 의례를 행하는 것이다.

정화를 거친 다음에는 새옷을 갈아입게 되는데, 망자의 몸을 씻은 후에 수의가 등장했듯이 영혼을 씻은 후에도 갈아입을 관념적인 새옷이 설정되어 있다. 영혼의 씻음은 생전의 업을 씻고 깨달음의 세계로 나아간다는 종교적 의미를 지니기 때문에 관욕을 마친 후에 입는 옷은 해탈복이라 부르고 있다. 관욕 이전의 망자가 명부의 옷(冥衣)을 입은 존재였다면 관욕 이후의 망자는 해탈복을 입은 존재로 표현함으로써 명의와 해탈복이라는 두 가지 관념적 옷을 통해 존재의 경지가 변화되었음을 드러내게 되는 것이다.

【 관욕의 삼밀수행 】

진언의 주문에 따라 병풍의 앞과 뒤에서 각기 상징적인 손짓과 씻음의 행위를 통해 이루어지는 관욕의 양상은 매우 독특하다. 보이지 않는 병풍 뒤에서는 씻음을 나타내는 물과 비누, 칫솔과 치약, 수건 등을 갖춘 채 지의를 물에 담그고 태우는 구체적인 행위로 의례가 진행되는 반면, 눈에 보이는 병풍 앞에서는 상징적이고 알 수 없는 손짓으로 의례가 진행되기 때문이다.

뿐만 아니라 '옴 바다모 사니사 아모까 아레 훔' [목욕진언]과 같이 알 수 없는 진언 역시 의식의 신비로움을 부각시키는 상징적인 요소이다. 이처럼 관욕은 구체적이고 상징적인 상반된 요소들이 어우러져, '씻음'이라는 뚜렷한 메시지를 전달하면서도 신비롭고 추상적인 면이 부각되는 의례단계라 할 수 있다.

진언과 결수는 밀교의례를 가져다 쓴 것으로, 밀교에서는 신身·구口·의意의 작용이 선과 악이라는 인과의 산물이 된다면 삼업三業이지만, 그것을 초월한 진실한 행위가 될 때는 세 가지 비밀스러운 행위(三密)가 된다고 본다. 이처럼 몸과 입과 마음으로 세 가지 참되고 진실한 밀을 갖추는 것을 삼밀가지三密加持라 하며, 몸으로는 결수를 맺고 입으로는 진언을 염송하고 마음으로는 불보살을 관하는 것을 삼밀수행三密修行이라 한다. 영가의 중요한 변화가 이루어지는 관욕에서는 이러한 삼밀의 일치가 특히 중요하게 다루어진다.

따라서 49재에서 결수를 하는 행위는 신밀身密이 되고, 진언을 염송하는 것은 구밀口密이 되므로, 의밀意密은 의례에 참석한 모든 이들이 지극한 마음으로 영가의 극락왕생을 기원함으로써 완성되는 것이리라 여겨진다.

05

상단권공上壇勸供은 불단을 향해 공양을 올리는 가운데 불보살의 위력으로 영가가 극락왕생할 수 있도록 발원하는 단계이다.

3단계 : 기원하기(상단권공)

불보살에게 기원하는 상단권공

상단권공上壇勸供은 불단을 향해 공양을 올리는 가운데 불보살의 위력으로 영가가 극락왕생할 수 있도록 발원하는 단계이다. 49재의 핵심이 되는 단계이며, 관욕으로 청정하게 된 영가를 모시고 스님과 모든 참석자들이 불보살 앞에 나아가 지극한 마음으로 불공을 올리게 된다. 따라서 스님의 행위가 유족에게 모델이 되어 다함께 불보살을 향해 경배 · 찬탄 · 청원하는 방식으로 이루어진다.

이 의식은 평소 불보살에게 올리는 법식을 기본으로 하는 가운데, 보다 풍성한 공양물을 차려 놓고 극락과 명부세계를 관장하는 아미타불과 지장보살에게 불공을 올리며 망자의 극락왕생을 축원하는 내용을 담는 것이 특징이다.

사찰에서는 특정 재와 무관하게 매일 정성껏 밥을 지어 사시巳時: 오전 9시~11시가 되면 불전佛前에 마지를 올리게 된다. 불보살에게 올리는 밥을 마지摩旨라 하고 사시에 올린다 하여 '사시마지'라 한다. 마지를 나를 때는 두 손으로 그릇을 높이 치켜든 채 조심스레 옮기는데, 이는 불전에 올린 공양물을 귀하게 받든다는 의미와 함께 침이 튀지 않도록 입 높이 위로 오게 하기 위함이다.

굽다리그릇에 소복이 담아 뚜껑을 덮은 마지를 상단에 올려놓고 스님이 불공을 시작할 때 뚜껑을 열어놓게 된다. 이처럼 일상의 마지를 사시에 올리고 있어 오전에 시작하는 재는 대개 이 시간에 맞추어 상단권공을 진행하며, 만약 사시 이후로 재가 잡혀 있으면 그 날 올리는 마지는 부득이하게 오후로 미뤄지는 셈이다.

마지와 함께 평소 상단에는 육공양물香·燈·花·果·茶·＊을 모두 바치는 것이 일반적이다. 따라서 불전에 올리는 이러한 일상의 공양물이, 유족이 주체가 된 49재의 의례상황에서는 풍요롭고 다양한 재물齋物로 변환된다. 재자齋者인 유족은 불보살의 위력을 빌어 영가를 보다 좋은 곳으로 보내고자 하는 목적을 지니고 있기 때문에 그러한 기원의 마음을 정성껏 차린 재물로써 표현하게 되는 것이다.

그런데 이처럼 의례음식으로 풍성해진 경우에도 불전에 올리는 재물은 어디까지나 육공양물이라는 기본 성격에서 벗어나지 않는다는 점이 중요하다. 재물은 향·등·차·꽃 외에 쌀과 과일을 중심으로 확대되어, 곡식을 상징하는 쌀이 각종 떡과 과자류로 다양화되고 여러 종류의 과일을 갖추는 데서 벗어나지 않기 때문이다. 따라서 상단과 중단에는 밥·떡·과일·밤·대추·과자류 등과 같이 곡식·과실 중심의 마른 재물만 올리고, 국·탕과 같이 물기가 있거나 간을 해서 냄새가 나는 반찬류는 올리지 않는다.

상단권공의 순서와 의미

상단권공의 의식순서는 의례의 규모나 관점에 따라 달라지므로 여기서는 《불교의식각론》에 근거한 다섯 단계로 분류하여 살펴보고자 한다.

첫째, 의식에 필요한 만큼의 도량을 구획하는 결계의식結界儀式이다. 결계의식은 다시 송경의식誦經儀式과 결계의식으로 구분된다. 송경의식은 경전을 읽기 전에 행하는 의식이며, 결계의식은 신묘장구대다라니를 읽은 뒤 권공을 위한 도량을 구획하고 청정하게 하는 의식이다.

둘째, 재자의 마음을 청정하게 하기 위한 참회의식懺悔儀式이다. 결계의식이 도량을 구획하고 맑히는 외적 측면이라면, 참회의식은 의식에 참여한 이들의 내적 측면을 밝히는 것으로 삼업과 십악 등을 참회하는 내용으로 이루어진다. 본래 두 번째 단계는 설법의식이라 하여 스님의 법문을 청하는 데 초점을 두고 있으며 따라서 참회는 설법을 청하기 위한 사전순서에 해당한다. 그러나 근래에는 의식이 간략화됨에 따라 법문을 청하는 순서가 생략되는 경우가 많아 필자 임의대로 참회의식이라 이름하였다.

셋째, 한량없는 공덕을 지닌 준제관음准提觀音에게 귀의하고 발원하는 준제의식准提儀式이다. 준제보살은 7억의 부처를 탄생시킨 보살이라 하여 칠구지불모七俱胝佛母라고도 부르는데, 부처의 어머니(佛母)라고 한 까닭은 준제보살이 바로 우리의 청정한 근본 마음자리이기 때문이다. 따라서 준제보살에게 귀의함으로써 수많은 불보살을 모시게 된다는 의미를 담고 있다. 준제의식은 다시 준제보살을 찬탄하면서 귀의하는 귀의준제歸依准提와 여러 가지 서원을 세우는 발원귀의發願歸依

로 구분된다.

넷째, 불보살을 도량으로 청해 모시는 권청의식勸請儀式이다. 청해 모시는 대상은 관세음보살이나 지장보살이 되기도 하고 불법승 삼보가 되기도 한다. 대상을 모심에 즈음하여 대중의 간절한 뜻을 아뢰고, 이윽고 도량에 강림하심을 게송과 행동으로 환호하는 일련의 의식이다.

다섯째, 불보살을 모시고 공양을 올리는 권공의식勸供儀式으로 상단권공의 핵심이 되는 부분이다. 권공의식은 다시 설단의식設壇儀式·비공의식備供儀式·권공의식勸供儀式·축원의식祝願儀式으로 구분된다. 설단의식에서는 불보살의 자리를 권한 뒤 차를 올리고, 비공의식에서는 불보살과 권속에게 올릴 공양을 준비하게 된다. 권공의식은 불보살과 권속에게 공양을 권해 올리는 내용이며, 축원의식은 권공에 응하신 불보살의 가피로 영가의 극락왕생이 이루어지기를 발원하는 내용으로 구성된다.

이러한 절차에 따라 진행되는 상단권공의 순서와 의미를 좀더 상세하게 살펴보면 다음과 같다.

(1) 결계의식 結界儀式 … 의식에 필요한 만큼의 도량을 구획하는 의식이다.

① 송경의식 誦經儀式: 경전을 독송하기에 앞서 행하는 의식이다. 망어·기어·양설·악구 등 4종의 구업을 청정히 하기 위한 정구업진언 淨口業眞言, 시방의 제신에게 경전이 독송됨을 알리는 오방내외안위제신진언 五方內外安慰諸神眞言, 경전을 봉독하기 전에 경을 찬탄하는 개경게 開經偈, 진리의 문을 여는 개법장진언 開法藏眞言 을 염송한다.

② 결계의식 結界儀式: 경전독송을 위한 준비가 갖추어지면 신묘장구대다라니를 독송한 뒤 권공을 위한 도량을 구획하고 청정히 하는 의식이다. 결계를 위해 신묘장구대다라니 神妙章句大多羅尼 를 독송한 다음, 동서남북 사방을 맑혀 불보살을 모실 도량이 청정해지도록

하는 사방찬四方讚, 결계가 마무리되어 불보살이 강림할 만큼 도량이 청정해졌음을 찬탄하는 도량찬道場讚을 염송한다.

(2) 참회의식懺悔儀式 ··· 의식에 참여한 이들의 마음을 청정하게 하는 의식이다. 신·구·의 삼업을 참회하는 참회게懺悔偈, 업장을 소멸시켜 주는 열두 분의 부처를 염송하는 참제업장십이존불懺除業障十二尊佛, 십악을 참회하는 십악참회十惡懺悔, 업장을 참회하는 참회진언懺悔眞言을 염송한다.

(3) 준제의식准提儀式 ··· 한량없는 공덕을 지닌 준제보살에게 귀의하여 수많은 불보살을 모시고 발원하는 의식이다.
① 귀의준제歸依准提: 준제보살을 찬탄하면서 귀의하는 의식이다. 준제진언을 찬탄하고 준제보살에게 귀의하는 준제찬准提讚, 법계를 청정하게 하는 정법계진

언淨法界眞言, 몸을 보호하는 호신진언護身眞言, 준제진언을 함께 염송할 77억의 부처를 모시는 관세음보살 본심미묘 육자대명왕진언觀世音菩薩 本心微妙 六字大明王眞言, 7억의 부처를 탄생시키는 준제진언을 염송한다.

② 발원귀의發願歸依: 여러 가지 서원을 세우는 의식이다. 수행에서 열반에 이르기까지 수행자가 지녀야 할 마음자세를 원의 형식으로 정리한 여래십대발원문如來十大發願文, 모든 불보살이 세운 네 가지 서원으로 장차 삼보에 귀의하고자 이를 따르는 사홍서원四弘誓願, 삼보에 신명을 바쳐 귀의하는 귀명례삼보歸命禮三寶를 염송한다.

(4) 권청의식勸請儀式 … 불보살을 도량으로 청해 모시는 의식이다. 신앙의 대상이 되는 불보살의 명호를 부르며 귀의하는 거불擧佛, 불보살을 모시는 보소청진언普召請眞言, 불보살의 이력과 덕을 열거하고 불공을 올리게 된 이유를 밝히는 유치由致, 불보살에게 귀의하고 찬탄

하며 공양을 받아주실 것을 청하는 청사請詞, 불보살의 강림에 꽃을 뿌리며 환영하는 향화청香華請을 염송한다.

(5) 권공의식勸供儀式 … 불보살을 모시고 공양을 올리는 내용으로 상단권공의 핵심을 이루는 의식이다.

① 설단의식設壇儀式: 불보살의 자리를 권한 뒤 차를 올리는 의식이다. 불보살을 찬탄하는 가영歌詠, 불보살에게 자리를 권하는 헌좌진언獻座眞言, 불보살을 모실 법계를 청정하게 하는 정법계진언淨法界眞言, 공양에 앞서 차를 올리는 다게茶偈를 염송한다.

② 비공의식備供儀式: 불보살과 그 권속에게 올릴 공양을 준비하는 의식이다. 공양을 올릴 준비를 하는 진언 권공眞言勸供, 자재한 불보살의 위력으로 공양물의 질적·양적 변화를 가져오게 하는 무량위덕 자재광명 승묘력 변식진언無量威德 自在光明勝妙力 變食眞言, 감로수를 공양하는 시감로수진언施甘露水眞言, 한결같은 마음으로 공양코자 하는 일자수륜관진언一字水輪觀眞言, 공양

물이 진리의 젖으로 변하도록 하는 유해진언乳海眞言, 불보살이 계신 곳으로 공양물을 옮겨 공양할 마음을 일으키게 하는 운심공양진언運心供養眞言을 염송한다.

③ 권공의식勸供儀式: 불보살과 그 권속에게 공양을 권해 올리는 의식이다. 불보살과 권속에게 공양을 올리는 예참禮懺, 널리 공양을 올리는 보공양진언普供養眞言, 공양의 모든 공덕이 모든 중생에 고루 미칠 수 있도록 하는 보회향진언普回向眞言, 본 의식에서 기원한 모든 원이 성취되기를 바라며 올리는 원성취진언願成就眞言, 부족한 것을 고치고 보충하는 보궐진언補闕眞言, 불보살을 염하며 서원을 다짐하는 정근精勤을 염송한다.

④ 축원의식祝願儀式: 권공에 응하신 불보살의 가피로 영가의 극락왕생이 이루어지기를 발원하는 의식이다. 근래에는 주로 지장보살을 대상으로 하는 지장축원地藏祝願을 올린다. 따라서 지장보살을 찬탄하며 재의 인연공덕으로 모든 영가의 극락왕생 및 재자들의 복

덕을 바라는 축원을 한다.

신중에게 기원하는 중단권공

상단권공을 마친 다음에는 신중神衆을 모신 중단을 향해 공양과 불공을 올리는 중단권공中壇勸供을 하게 된다. 평소에도 상단에 사시마지를 올리고 예불을 마친 뒤 마지를 중단으로 옮기는데, 공양을 물려준다 하여 이를 퇴공退供이라 한다. 일상의례와 마찬가지로 49재에서도 상단예불이 끝나면 상단에 올린 재물을 중단으로 옮기고 신중을 대상으로 공양과 예불을 올리게 된다.

신중은 인도·중국·한국의 여러 토속신 가운데 불교에 귀의하여 정법을 수호하겠다는 원을 세운 존재들로, 불법을 수호하고 삿된 것을 물리치는 중요한 역할을 하여 불공을 올려야 할 대상에 속하기 때문이다. 특히 민간에서는 이들 각 신이 관장하는 영역이 있다고 믿어 독자적인 신앙의 대상으로 삼고 있기도 하다.

따라서 49재에서는 영가와 유족의 든든한 후원자가 되어 망혼의 극락천도와 유족의 안녕을 지켜주는 수호신의 구실을 하게 된다.

중단권공은 공양을 올리는 진공진언進供眞言과 공양게, 지극한 마음으로 예를 올리며 공양을 바치는 예참, 널리 공양을 올리는 보공양진언, 중생의 성불을 발원하는 보회향진언, 지혜의 법문을 들려주는 반야심경, 불설소재 길상다라니, 원성취진언, 보궐진언 등을 염송한 뒤 재자의 발복을 기원하는 신중축원을 하면서 마무리된다.

그런데 실제 49재에서는 이와 같은 신중에 대한 의례내용이 잘 지켜지지 않고 있다. 49재에서 개별 의식이 지닌 성격은 그 대상이 경배와 찬탄의 대상인가, 깨달음을 도와줘야 하는 교화의 대상인가에 따라 예경의식禮敬儀式과 교화의식敎化儀式으로 크게 구분할 수 있다. 불교의례의 의미에 따르면 불보살과 신중은 예경의 대상이고, 교화의 대상은 하단에 모신 영가가 이에 해당한다. 그러나 많은 사찰에서 신중단에 예경의식을 올리지 않고 교화의식만으로 진행하고 있어 이에 대한 문제가 지적되고 있다. 이것은 의례에서 사용하는 의식문의 성격과 신중단에 절을 하는가의 여부로 살펴볼 수 있다.

먼저 신중단을 향해 염송하는 의식문은 위에서 살펴보았듯이 진언과 게송을 제외하면 크게 예경문^{예참}, 반야심경, 중단축원의 세 가지로 구분할 수 있다. 예경문은 경배의 예를 올리는 의식문으로 '지극한 마음으로 머리 숙여 예를 올리니…'라는 문구로 시작되며, 중단축원은 각종 질병과 어려움이 소멸되고 원하는 바가 이루어져 재자들의 삶이 다복하기를 바라는 문구들로 구성되어 있다. 따라서 예경문과 축원은 경배의 대상에게 올리는 것으로 합당한 의식문이라 할 수 있다.

이에 비해 반야심경은 스스로의 수행을 위해 염송할 수는 있으나 신중단을 향할 경우 신중이 교화의 대상이 된다는 의미를 지닌다. 그런데 실제 많은 사찰의 49재에서 반야심경만으로 중단의례를 대신하고 있어 이에 대한 문제가 지적되고 있는 것이다. 예경문과 함께 반야심경을 염송할 경우에는 별 문제가 없으나, 반야심경만 들려준다면 신중의 성격이 대중의 교화를 받을 대상으로 하락하고 말기 때문이다.

아울러 불보살과 더불어 신중 역시 예경의 대상이기에 절을 받아야 마땅하나, 절을 하지 않고 합장한 채 반야심경만으로 중단의례를 마치는 경우가 많다. 이후에 오는 관음시식에서는 하단에 모신 영가를 위해 유족이 제사의 개념으로 절을 하고 있으므로, 결국 49재에서는 3단 가운데 신중만이 신격의 존재로 법당에 자리하고 있음에도 불구하고 절을 받지 못하는 셈이다.

49재 이외의 일상의례에서는 신도들이 법당에 들어오면 불단 다음으로 신중단에 절을 하지만, 49재의 의례적 국면에서는 불법 수호는 물론 망혼을 수호해줄 신중에게 한 번도 절을 하지 않는 모순이 발생하고 있는 것이다.

중단의례가 반야심경 염송으로 대체된 계기는 1947~1948년경의 일로, 경북 문경의 봉암사결사에서 중단예경을 폐지하고 반야심경으로 대신하자는 논의가 있었다. 당시 자운·청담·향곡·성철 스님 등이 불교정화운동의 일환으로 봉암사에 모여 결사를 맺고 부처님의 법에 어긋난 것들을 바로잡겠다는 의지를 실천하고자 하였다.

이때 《범망경보살계》에 "출가한 사람은 국왕과 부모에게 절하지 아니하며, 귀신을 공경하지 않는다. 출가한 사람은 일체 사람의 공경을 받아야 할 존재이다."라는 내용을 깊이 새겨, 스님들은 대중에게 불법을 전하는 불제자이자 삼보의 하나로 추앙받아야 하는 존재이며, 스스로 법에 맞는 행동을 해야 한다고 보았다. 따라서 경배의 대상은 불보살에 국한되며 신중은 불법을 들려주면서 깨달음을 도와주어야 하는 대상으로 설정될 수밖에 없었던 것이다.

봉암사결사 이후 반야심경 염송은 기존의 중단예불을 대신하면서 확산되어나갔다. 그러나 이후 발간된 여러 의식집에는 여전히 중단의례에 예경의식문이 실려 있는데, 이는 봉암사결사에서 거론된 내용이 공론화된 방식을 거쳐 결정된 것이 아니라 마치 유행처럼 번져나감으로써 관례화되었기 때문이 아닌가 한다. 근래까지도 이 문제는 정리되지 않은 채 사찰에 따라 여러 양상으로 행해지고 있으며, 작은 재에서는 반야심경만 독송하고 재가 커지면 예경문도 함께 독송하면서 규모에 따라 가감되기도 한다.

이처럼 중단의례가 반야심경만으로 2~3분 만에 짧게 끝나는 데다 어차피 다음 단계의 관음시식을 위해 재물을 영단으로 다시 옮겨야 하기 때문에, 중단으로 옮기는 재물은 마지와 한두 가지에 불과하게 된다. 또한 관음시식을 준비하느라 신중의례를 행하는 도중에 불단의 재물을 영단으로 옮기기도 하여, 중단의례는 몇 명의 유족과 스님이 어수선한 분위기 속에 형식적으로 치름으로써 의례적 효과를 거두지 못하는 경우가 많다.

여기서 무엇보다 중요한 점은, 스님들이 행하는 신중의례가 아니라 신도·유족과 함께하는 49재에서 심각한 문제가 발생한다는 것이다. 평소 신중에게 절을 올리며 기원하는 신도들의 마음을, 의례를 통해 전혀 수용하지 못하고 있기 때문이다. 특히 극락왕생을 기원하는 시간은 불보살에게도 절을 올리고 신중에게도 절을 올림으로써 모든 신적 존재의 위력을 얻고 싶은 마음이 간절한 자리이다. 이러한 의례에서 스님과 유족이 합장한 채 일렬로 서서 신중에게 반야심경만을 들려주는 구도는 재의 성격과 맞지 않으므로, 신도와 유족의 눈높이에서 신중의례를 다시 살펴볼 필요가 있다.

06

4단계 : 제사지내기(관음시식)

천도를 위해 긴 노정을 거친 영가가 자신의 자리로 돌아와 후손의 공양을 받는 단계로, 줄여서 시식施食이라고도 한다.

감로의 불법으로 이끌어주기

관음시식觀音施食은 하단영단의 영가에게 제사를 지내고 불법을 들려주는 단계이다. 천도를 위해 긴 노정을 거친 영가가 자신의 자리로 돌아와 후손의 공양을 받는 단계로, 줄여서 시식施食이라고도 한다. 이 단계를 제사라 부르는 것은 유족의 입장에 따른 것으로, 관음시식은 곧 '재齋 속에서 진행되는 제사'인 셈이다. 따라서 영단에 술·고기·생선을 제외한 갖가지 재물을 차려 놓고 유족과 친지들이 차례로 절을 올리며, 스님들은 영가가 깨달음을 얻어 피안의 세계로 나아갈 수 있도록 불법을 들려주고 각종 진언으로써 앞길을 열어주는 가운데 극락왕생을 기원하게 된다.

아울러 유족과 함께 망혼에게 경전주로 《금강경》을 읽어주고 아미타불이 상주하는 서방 극락세계로 나아갈 것을 축원하는 아미타불을 염송한다. 궁극적으로 영단에 차린 재물은 단순한 음식에 그치지 않고 망자가 깨달음을 얻을 수 있도록 이끌어주는 감로甘露의 불법을 상징하는 것이라 하겠다.

영가가 처음 법당으로 들어와 영단에 자리했던 대령에서는 생전의 업을 짊어진 채 중유를 떠도는 속俗의 존재였다. 그러나 관욕으로써 업을 정화하여 성聖의 영역에 들어선 후, 상단으로 나아가 불보살의 가피를 입고, 중단으로 나아가 신중의 외호를 받으며 돌아와 자리한 영가는 이전과 본질적 차이를 지닌다. 대령과 시식의 단계는 영단에 좌정하여 유족의 예를 받는다는 점에서는 동일하지만, 영가의 경지에 커다란 상승의 변화가 이루어졌기 때문이다.

아울러 시식의 단계는 이러한 망자의 경지를 축원할 뿐만 아니라 다음 생으로 넘어가기 전에 유족과 마주하는 마지막 자리로, 흠향할 많은 음식을 차려 놓고 비교적 오랜 시간 동안 의례를 치르게 된다. 시식은 유족이 망자를 떠나보내는 탈상을 앞두고 올리는 마지막 제사이기 때문에, 각별한 마음으로 정성을 들이면서 맺힌 감정과 슬픔을 풀어내는 시간이기도 하다. 따라서 스님들은 묵묵히 염송·독경을 하며 이들을 지켜보기만 할 뿐 대체로 유족이 자율적으로 제사를 지내도록 일임하는 것이 관례이다.

영가에게 올리는 절의 횟수는 2회 또는 3회가 혼용되고 있다. 재배再拜가 망자에 대한 유교식 참배방식이라면 삼배三拜는 불교에서 불보살 및 스님에게 행하는 것이어서, 비신자의 경우에는 대개 재배를 하게 된다. 불교에서는 모든 중생이 부처가 될 성품(佛性)이 있다고 보기 때문에 영가에게도 불보살과 동일하게 삼배를 하는 것이다.

이에 대해 스님들 중에도 영가에게는 민간의 방식대로 재배를 하면 된다는 의견도 있다. 그러나 실제 대부분의 스님들은 "두 번이든 세 번이든 절의 횟수에는 큰 의미가 없다."는 데 의견의 일치를 보고 있다. 망자를 향한 제사는 관습적 생활의례이므로 스님들은 가능하면 민간의 전통의례를 그대로 인정해 주고 있을 뿐만 아니라 어느 정도 유족의 자율에 맡기고 있는 셈이다.

한편, 절을 할 때는 영가가 저승에서 사용할 노잣돈을 저마다 준비하여 영단에 놓게 된다. 영가의 내세를 위한 노잣돈은 고내로부터 여러 문화권에서 공통적으로 보이는 껴묻거리의 대표적인 상징물이라 할 수 있다. 현재도 습과 염을 할 때 망자의 입 속에 쌀이나 구슬을 넣어주고 [飯含] 가슴 섶이나 관 속에 구슬과 돈을 넣기도 한다. 이는 저승세계에서 필요한 재물과 양식을 뜻하며, 구슬·동전과 같이 주로 둥근 내용물을 넣는 것은 재생을 상징하는 알사상과도 관련이 있다.

이처럼 현실에서도 길을 떠나면 돈이 필요하듯이 먼 저승길을 떠나는 데 역시 노잣돈[路資]이 필요할 것이라 여겨, 영가의 저승길을 편안하게 해주기 위한 노잣돈 챙기기는 민간의 심성이 반영된 풍습이라 할 수 있다. 특히 입관 때 관 속에 넣는 동전과 같이 상징적인 것이 아니라 화폐가치가 큰 금액의 노잣돈은 대개 의례에 제3자가 개입되었을 때 드러나는 풍습이다. 굿을 하는 이, 염을 하는 이, 상여를 메거나 무덤 터를 다지는 이 등과 같이 망자를 위해 수고하는 이들에게 정규금액 외에 성의를 표시하는 비용이 곧 망자에 대한 정서가 담긴 노잣돈이라는 명분을 통해 전달되는 것이라 하겠다.

관음시식의 순서와 의미

관음시식의 의식순서는 《불교의식각론》에 따라 네 단계로 분류하여 살펴볼 수 있다.

첫째, 영가를 영단으로 청해 모시는 창혼의식[唱魂儀式]

이다. 이를 위해 먼저 불보살을 칭명하면서 귀의한 뒤, 예를 갖추어 영가를 청하는 가운데 불법의 진리를 들려주고, 지옥을 파하고 원한과 맺힌 문제를 풀어준다.

둘째, 관세음보살을 인로왕으로 모시고, 시식의 의식을 증명하고 영가를 이끌어줄 불보살을 청하는 증명의식證明儀式이다. 강림을 환영하며 인로왕보살과 제 보살에게 자리를 권한 뒤 차를 올리는 일련의 의식으로 진행된다.

셋째, 영가를 청하여 불법과 공양을 올리는 시식의식施食儀式이다. 먼저 향을 올리고 요령을 울려 영가가 영단에 강림하도록 청하며, 영가의 수와 지위에 맞게 공양물의 질과 양을 변화시키는 네 가지 진언을 염송한 다음 법문과 공양을 권하게 된다.

넷째, 법공양으로 얻은 힘과 지혜로 깨달음의 세계를 향해 나아가도록 하는 장엄의식莊嚴儀式이다. 위패와 사진을 법주 앞에 모신 뒤 영가를 떠나보낼 준비를 하게 된다.

이러한 절차에 따라 진행되는 관음시식의 순서와 의미를 좀더 상세하게 살펴보면 다음과 같다.

(1) 창혼의식唱魂儀式: 영가를 영단으로 초청하는 일련의 의식이다. 49재에서 모시는 불보살의 명호를 염송하면서 귀의하는 거불擧佛, 예를 갖추어 영가와 모든 고혼을 영단으로 청하는 창혼唱魂, 영가를 향해 불법의 진리를 들려주는 착어着語와 양구良久, 삼보의 위신력으로 영가들이 영단에 내려오기를 청하는 진령게振鈴偈, 신묘장구대다라니의 중요성을 말하며 이를 독송하는 풍송가지諷誦加持, 화엄경의 핵심을 네 구절로 들려주는 화엄경사구게華嚴經四句偈, 지옥을 부수는 파지옥진언破地獄眞言, 원한과 맺힌 문제를 풀어주는 해원결진언解寃結眞言, 지금까지의 의식으로 청정해진 영가를 다시 한번 영단으로 청하는 보소청진언普召請眞言을 염송한다.

(2) 증명의식證明儀式: 시식의 의식을 증명하고 영가를

이끌어줄 불보살을 청하는 일련의 의식이다. 의식을 증명하고 영가를 극락으로 인도할 인로왕보살을 모시는 증명청證明請, 인로왕보살의 강림에 향을 올리고 꽃을 뿌리며 환영하는 향화청香華請·가영歌詠, 인로왕보살과 제보살에게 자리를 권하는 헌좌진언獻座眞言, 불보살에게 차를 올리는 증명다게證明茶偈를 염송한다.

(3) 시식의식施食儀式: 영가를 청하여 불법과 공양을 올리는 일련의 의식이다. 영단에 강림하여 공양을 받도록 영가를 청하는 고혼청孤魂請, 향을 올리며 지극히 청하는 향연청香烟請, 요령을 울려 칭하는 가영歌詠, 음식을 차린 영단에 영가의 자리를 권한 뒤 법문을 잘 듣도록 권하는 수위안좌受位安座, 여러 영가를 영단에 안좌하도록 하는 수위안좌진언受位安座眞言, 영가에게 불법의 핵심이 깃든 차를 권하는 다게茶偈, 신묘한 사다라니를 읊게 됨을 영가에게 알리는 풍송가지諷誦加持를 염송한다. 영가의 수와 지위에 맞게 공양물의 질과 양을 변화시키는 네 가지

진언으로 음식의 양을 변화시키는 변식진언變食眞言, 감로수를 올리는 시감로수진언施甘露水眞言, 한결같은 마음으로 공양코자 하는 일자수륜관진언一字水輪觀眞言, 공양물이 진리의 젖으로 변하도록 하는 유해진언乳海眞言을 염송한다. 다섯 여래의 덕을 칭송하면서 이들의 원력으로 영가를 해탈하게 하는 칭양성호稱揚聖號, 영가에게 공양을 권하는 시귀식진언施鬼食眞言, 널리 공양을 올리는 보공양진언普供養眞言, 중도의 지혜를 일러주는 반야경사구게般若經四句偈, 부처의 열 가지 뛰어난 칭호인 여래십호如來十號, 법화경의 가르침을 전하는 법화경사구게法華經四句偈를 염송한다. 대개 여래십호를 염송할 즈음 승늉을 올리고 헌식을 하고 봉송을 준비한다.

(4) 장엄의식莊嚴儀式: 법공양으로 얻은 힘과 지혜로 영가가 깨달음의 세계를 향해 나아가도록 하는 의식이다. 위패와 영정을 법주 앞으로 내려 모시고, 참석자들 모두 합장한 채 장엄염불莊嚴念佛을 염송한다.

07

재를 위해 구상화되었던 모든 것을 불사름으로써 망자와 유족이 각기 제자리로 돌아가는 의미가 부각되는 시간이다.

5단계 : 보내기(봉송)

각자 제자리로 돌아가는 시간

봉송奉送은 법당으로 청한 영가를 떠나보내는 순서이다. 시식을 마치고 나면 위패와 영정을 모시고 의례의 모든 참석자들이 함께 불보살에게 감사의 인사를 올린 뒤 스님이 앞선 가운데 유족과 친지들이 법당을 돈 다음 바깥의 소대로 향하게 된다.

본래 영가뿐만 아니라 불보살과 신중의 봉송도 별도로 행해졌으나 상단·중단 봉송은 생략하는 것이 관례이다. 아울러 법당을 떠나기 전에 영단의 재물을 조금씩 떼어 큰 그릇에 담아 절문 밖이나 마당 한쪽에 내어놓음으로써 재단에 올라오지 못한 유주무주 고혼들에게 나누어 먹이는 헌식獻食을 행한다.

소대의례燒臺儀禮는 망자와 이별하는 봉송의 일부이자 49재의 마무리단계이다. 소대 앞에서 마지막 의식을 치르는 가운데 의례에 사용된 넋전·지전·번 등의 장엄물, 위패·영정·발원문, 망자의 옷, 유족의 상복 등을 태우게 된다. 유족과 스님들이 이 단계를 '탈상하러 가는 길'이라고 부르기도 하듯이, 재를 위해 구상화되었던 모든 것을 불사름으로써 망자와 유족이 각기 제자리로 돌아가는 의미가 부각되는 시간이다.

이때 죽은 자와 산 자는 일련의 가시적 행위를 통해 각기 저승세계와 현실세계로 돌아오게 되며, 이들이 각자의 세계로 돌아가는 데 핵심적 구실을 하는 상징물로 '옷'이 부각된다. 곧 망자는 한 벌의 한복을 불태움으로써 저승으로 통합되고, 유족은 소대 앞에서 상복을 벗음으로써〔脫喪〕 일상으로 통합되기 때문이다.

태우는 내용물은 사례마다 조금씩 다르지만, 49재를 위해 일회적으로 조성한 의례용품과 함께 망혼이 가져갈 옷 한 벌은 반드시 태우게 된다. 상복 역시 소각하였으나 근래에 와서 재활용이 가능한 상복과 소창 등은 태우지 않고 있으며 도심사찰에서는 이에 대한 규제가 더욱 엄격하다. 따라서 소대에서 태우지 못하는 상복·소창·고무신 등은 불 앞에서 세 번 휘돌리는 것으로 태우는 행위를 대신하며, 영정 역시 태우지 않고 집으로 가져가서 모시기도 한다.

불교에서 이승에 대한 집착과 미련을 모두 끊고 새 몸으로 태어나라는 의미를 담아 화장을 하듯이, 49재의 봉송에서 행하는 태움의 의식 역시 망자의 옷과 의례용품을 모두 불사름으로써 공空의 상태로 돌아갔음을 나타내는 종교적 행위이다. 따라서 이때 염송하는 내용에서도 영가에게 재齋의 공덕을 통해 이승에서의 애착을 끊었는지 묻고, 만약 아직까지 끊지 못했으면 다시 들으라고 하며 '육신을 떠나보면 꿈속과 같고 세속의 욕심과 번뇌망상이 모두 공'임을 깨우쳐 주고 있는 것이다.

이처럼 불교적 관점에서는 망자가 생전의 삶에 대한 애착을 끊게 하기 위해 태우는 것이지만, 유족에게는 오히려 저승에서 필요한 것들을 챙겨 보내는 의미가 더욱 크다. 따라서 평소 망자가 아끼던 물건을 가져와 태우기도 하고, 옷 한 벌은 물론 손수건에서 넥타이까지 챙겨 보내기도 한다.

이는 무덤 속에 부장품을 함께 넣는 행위와 동일한 것으로, 사후의 삶 역시 현세와 동일할 것이라 보아 옷은 물론 노잣돈과 이런저런 일용품도 필요하다고 여기는 것은 인간의 보편적 심성이라 할 수 있을 것이다. 태움의 의례는 이처럼 불교적 의미와 전통상례의 관습 및 유족의 심성이 맞물린 가운데 49재에서 빠질 수 없는 중요한 과정으로 자리잡고 있다.

봉송의 순서와 의미

봉송의 의식순서는 《불교의식각론》에 따라 세 단계로 분류하여 살펴볼 수 있다.

첫째, 영가를 떠나보내기 위한 일련의 준비의식準備儀式이다. 서방 극락세계를 다스리는 아미타불을 찬탄하고 귀의하며 모든 중생이 성불에 이르고 극락왕생할 것을 발원한다.

둘째, 영가에게 도량을 떠나 정토를 향하게 되었음을 고하고, 떠나기에 앞서 삼보를 향해 예를 올리는 보례의식普禮儀式이다. 망자의 위패·영정·촛대·향로·옷·장엄물 등을 들고 불단 앞에 서서 법당을 떠나기 전에 삼보를 향해 예를 올린다. 준비의식과 보례의식은 법당에서 행하며, 다음에 오는 전송의식은 법당 밖으로 나가 소대 앞에서 행하는 의식이다.

셋째, 소대에서 극락왕생을 발원하며 영가를 떠나보내는 전송의식餞送儀式이다. 마지막으로 불법을 들려준 뒤 태울거리를 소각하고, 성불과 극락왕생을 발원함으로써 의식을 모두 마치게 된다.

이러한 절차에 따라 진행되는 봉송의 순서와 의미를 좀더 상세하게 살펴보면 다음과 같다.

(1) 준비의식 準備儀式: 영가를 떠나보내기 위한 일련의 준비를 하는 의식이다. 서방 극락세계를 다스리는 아미타불을 찬탄하고 귀의하며 모든 중생이 성불에 이르고 극락왕생할 것을 발원하는 송주성 誦呪聲을 염송한다.

(2) 보례의식 普禮儀式: 영가에게 도량을 떠나 정토를 향하게 되었음을 고하고, 떠나기에 앞서 삼보를 향해 예를 올리는 의식이다. 영가를 전송하는 봉송게 奉送偈를 염송하는 가운데 영가에게 절한 후 위패·영정·촛대·향로·옷·장엄물 등을 들고 모두 불단을 향해 합장하고 선다. 아미타불에게 영가의 극락왕생을 발원하는 왕생발원 往生發願, 도량을 떠나기 전에 삼보를 향해 예를 올리는 보례삼보 普禮三寶를 염송한다.

(3) 전송의식錢送儀式: 소대에서 마지막으로 극락왕생을 발원하며 영가를 떠나보내는 의식이다. 의상조사가 화엄경의 요체를 표현한 법성게法性偈를 염송하는 가운데 법당 밖으로 나가 소대에 도착한다. 소대에 이르러, 영가에게 전송을 고하며 지금까지의 염불공덕으로 집착을 끊었는지 묻고 다시 불법을 일러주는 봉송소奉送疏를 염송한다. 불보살의 가피로 영가의 극락왕생을 간절히 발원하는 풍송가지諷誦加持를 염송하는 가운데 장엄물, 위패·영정·발원문, 영가의 옷, 상복을 태운다. 이때 모든 태울거리를 소각하며 읊는 소전진언燒錢眞言, 정토를 향한 영가의 출발이 원만하기를 발원하는 봉송진언奉送眞言, 영가가 최상의 극락에 도착하기를 바라는 상품상생진언上品上生眞言, 공덕이 모든 중생에 고루 미칠 수 있도록 바라는 보회향진언普回向眞言을 염송한다. 마지막으로 영가의 성불을 당부하고 불보살에게 거듭 귀의하는 회향게回向偈, 혜능대사가 중생으로 하여금 탐·진·치에서 벗어나 깨달음으로 이끌고자 금강경의 사상을 표현한

무상계無常戒를 염송하면서 의식을 마친다.

이후 재를 마치고 둘러앉아 음복하는 법식法食의 자리는, 의례에 사용된 재물을 참석자와 여러 신도들이 고루 나누어 먹음으로써 불보살과 인연을 맺는다는 의미를 지닌다. 망자가 세상을 떠난 지 49일 정도의 시간이 흘렀을 뿐만 아니라 망자를 위해 최선을 다했다는 안도감으로, 호상·악상의 구분 없이 상주도 친지도 어느 정도 밝은 분위기 속에서 식사를 하게 된다.

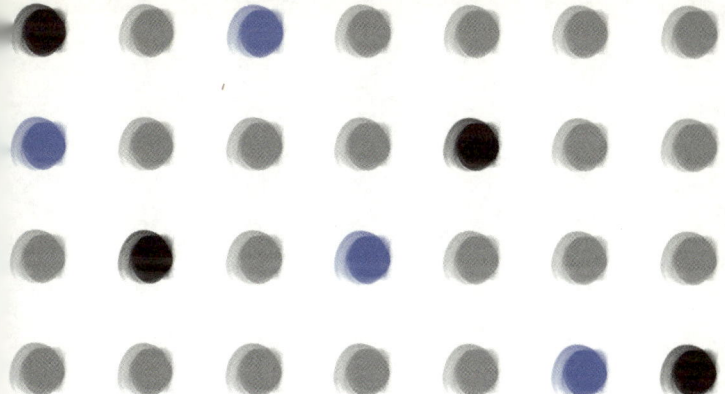

제4장

사십구재의 특성과 기능

01

천도재를 행하는 일이 삼보를 지키고 불교를 융성케 하는
신앙행위의 하나가 된다는 점이다.

사십구재 이후에도
계속되는 천도재

지금까지 살펴본 불교 생사관에 따르면, 사람이 죽으면 49일 간의 중유기를 지난 다음 새로운 존재로 태어나게 된다. 불교에서 화장을 하는 의미 역시 '몸'은 이승에서 잠시 빌려 입었던 옷으로 보아, 헌옷과 같은 몸을 태움으로써 이승에 대한 애착과 미련을 끊고 새 옷의 주인이 되라는 의미를 담고 있다. 따라서 49재를 치르고 나면 더 이상 망자를 위한 의례는 불필요한 것이 된다.

그러나 불교에서는 49재 이후에도 백일재百日齋와 유

교식 소상小祥 · 대상大祥에 해당하는 1주기 · 2주기의 천도재를 지내기도 한다. 7 · 7재로 행하는 49재에 더하여 모두 10회의 천도재를 지내는 것으로, 이는 중국에서 성립된 시왕신앙十王信仰에 근거한 것이다. 즉, 사람이 죽으면 저승을 다스리는 왕들에게 생전의 행위에 대한 재판을 받게 되는데, 이때 열 명의 시왕이 초재 · 2재 · 3재 · 4재 · 5재 · 6재 · 7재 · 백일재 · 소상재 · 대상재까지 10회에 걸쳐 차례대로 판결한다는 것이다.

이러한 시왕사상에 근거한 업보의 판결기간은 사후 만2년 동안에 걸쳐 행해지는 것이어서, 죽은 뒤 중유기간인 49일이 지나면 새로운 존재로 태어나게 된다는 49재와 시간적 측면에서 서로 모순된다. 시왕사상을 중심으로 보면 판결이 완료되기도 전인 49일 만에 다른 몸을 받는다는 것은 이치에 맞지 않고, 49재의 의미를 중심으로 보면 이미 다른 존재로 바뀐 상태에서 망자에 대한 저승계의 판결이 계속되는 셈이기 때문에 역시 납득하기 힘들다.

뿐만 아니라 49일 또는 만2년이 지나 업에 대한 최대 판결기간이 끝남으로써 윤회가 이루어진 이후에도 망자에 대한 의례는 언제까지나 '좋은 곳으로 보내기 위한' 천도의 의미로 행해진다는 점에서, 이러한 모순은 보다 큰 틀에서부터 비롯되는 듯 여겨지기도 한다. 즉, 기제사는 물론 백중우란분절·열반절·명절 등에 행하는 주기적인 합동천도재와 개별 천도재를 다시 치르기도 하는데, 망자를 위한 이들 모든 의례는 천도의 의미로 행해지기 때문이다.

이처럼 거듭되는 천도의 의미에 대해 몇 가지 차원에서 의문을 풀어볼 수 있다.

첫째, 모든 천도재는 해당 망자만이 아니라 천도되지 못한 채 떠도는 고혼과, 지옥·아귀·축생의 삼악도에 머무는 존재를 함께 청하여 구제하는 공덕을 지닌다는 점이다. 이와 같이 명부세계의 뭇 중생을 함께 껴안는 대승적 의미야말로 천도재의 가장 중요한 미덕으로 꼽을 수 있다. 이는 전통적으로 '가장 공덕이 높은 법회'라 여기면서 천도되지 못한 뭇 고혼을 위해 야외에서 개설해온 수륙재水陸齋의 정신을 계승하는 것이기도 하다. 떠도는 고혼은 생전의 악업이 깊어서 만이 아니라 억울한 죽음, 문제적 죽음으로 인해 제대로 눈을 감지 못했을 것이라 여기는 존재들이다. 모든 사회에는 이러한 성격의 죽음을 맞은 이들이 무수히 존재하게 마련이고, 남은 자들은 의례를 통해 이들의 문제를 풀어주고 위무하는 동시에 스스로 공동체의 문제에 성찰하는 계기로 삼게 될 것이다.

따라서 49재를 포함한 천도재에서 불교의 신적 존재들을 모신 가운데 공동체의 유주무주 고혼을 청하는 것은, 죽음·삶이나 현세·전생·내세를 초월하여 육도윤회의 어느 지점에 놓인 모든 중생이 불법을 통해 함께 소통하고 융합하는 장이라 볼 수 있을 것이다.

둘째, 삼보에 대한 공양 및 중생과 나누는 법식으로 자신의 공덕을 회향하는 의미를 지닌다는 점이다. 먼저 삼보에 대한 공양을 살펴보면, 천도재의 재비용은 삼보에 귀의하며 불보살에게 올리는 공양물인 동시에 승단 운영의 토대가 된다. 불교가 성립되기 전부터 인도에서는 출가 수행자에게 음식물을 공양하는 것(飯僧)이 곧 공덕이라고 보았으며, 현재도 동남아시아 불교 국가에서는 스님에 대한 반승의 의무를 지키고 있다. 이러한 반승은 음식물의 공양을 넘어서 재를 통한 보시로 확산되는 것이 일반적이며, 따라서 천도재를 행하는 일이 삼보를 지키고 불교를 융성케 하는 신앙행위의 하나가 된다는 점이다.

다음으로 중생과 나누는 법식을 살펴보면, 의례를 마친 뒤에는 여러 대중에게 음식접대로써 재의 참된 의미인 대중공양의 의미를 실천하게 된다. 이들 대중은 의례음식의 공유를 통해 불보살과 인연을 맺게 되며, 재물은 대중과 함께 나누어먹을 뿐만 아니라 제사음식을 분배하는 것처럼 음복으로 싸주는 것이 관례이다.

셋째, 천도재를 거듭함으로써 천도의 대상인 수많은 영가의 업을 희석시킬 수 있을뿐더러 이후에 거듭되는 삶에까지 영향을 미칠 수 있다는 점이다. 곧 천도란 윤회하는 모든 존재의 일회적 삶뿐만 아니라 앞으로 무한히 거듭되는 생에 대한 부분까지 열려 있는 개념으로, 천도가 거듭될수록 악업이 희석된다고 보는 것이다. "개인의 업은 천차만별이어서 한 번의 천도로 모두 벗겨진다는 보장은 하기 어렵다."는 스님들의 말은 조상숭배를 포함하여 망자에 대한 지속적 정성을 일깨우는 동시에, 수많은 명부중생을 위한 선업 쌓기를 강소하는 것이기도 하다.

넷째, 지금까지 살펴본 바와 같이 천도재를 치름으로써 쌓게 되는 이러한 공덕은 결국 재자 스스로에게 환원된다는 점이다. 불교에서는 죽은 뒤 타력에 의해 얻는 공덕보다 살아 있는 동안 남을 위해 행하는 자력의 공덕이 더욱 크다고 본다. 따라서 천도재는 자신의 공덕을 남을 위해 돌리는 불교의 회향정신을 실천하는 것인 동시에, 그로 인한 인과는 더 큰 공덕이 되어 재자에게 환원된다는 종교적 설정 속에서 작용하고 있다.

사실상 판결기간이 49일인가 2주기인가의 문제는 하나의 뿌리에서 자란 나무의 다른 가지에 불과할 수 있다. 49일은 인도불교에 가깝고 2주기는 중국불교에 가까운 차이일 뿐, 사람이 죽으면 해탈을 통해 윤회에서 벗어나지 않는 한 자신의 생전 업에 따라 다음 생을 받게 된다는 기본원칙은 다를 바 없기 때문이다. 중요한 것은 '윤회'와 '업'이라는 개념이며, 구체적인 기간은 모두 방편적으로 설정된 것이라 하겠다.

그러나 현재 49재가 불교상례로 정착되어 있는 상황에서 업의 판결이 만 2년간 계속된다는 해석은 혼란을 줄 수 있다. 따라서 49재 이후 백일·1주년·2주년에 천도재를 지낼 경우 시왕의 판결과 연결짓기보다는, 제사 역시 천도의 의미로 수용하고 있듯이 유교식 상제례의 수용 차원에서 실시하는 것이 바람직하리라 여겨진다.

02 사십구재의 복합적 기능

49재는 망자를 보다 좋은 곳으로 보내주기 위한 종교의례인 동시에, 죽음에서 비롯된 산 자들의 문제를 충족시키는 탈종교적 전통의례로 수용되고 있다.

모든 죽음은 남은 자들에게 슬픔과 회한을 남기는 충격적 사건이다. 인간은 가까운 이의 죽음을 맞아 쉽게 일상으로 돌아서기 힘든 본원적 심성을 지니고 있어, 죽음은 일생의례 가운데 가장 복잡하고 긴 의례과정으로 처리되는 것이 동서고금을 막론한 현상이다. 어느 날 갑자기 이승과 단절된 억울한 망자를 위해 편히 눈을 감을 수 있도록 무언가 해주고 싶은 마음은 유족이 지닌 공통적인 바람이다. 이는 망자를 보다 좋은 곳으로 보내고자 하는 기대에서부터 내세에 대한 종교적 믿음에 이르기까지, 임종이 곧 존재의 소멸이 아님을 믿고 싶은 인간 본연의 심성과 연결되는 것이기도 하다.

이처럼 죽음을 맞은 유족과 망자는 보다 바람직하게 일상과 저승으로 돌아가기 위한 시간과 장치가 필요한 존재들이라 할 수 있다. 그러나 현대인들에게 있어 죽음은 '전통 유교상례'라는 이름 아래, 주검을 처리하기 위해 필요한 최소한의 시간과 의례로 마무리될 뿐 죽음으로 인한 충격과 슬픔의 정리는 지극히 개인적인 일로 남게 되었다.

즉, 이전에는 장례를 치른 뒤 거상의례居喪儀禮라는 완충지대가 있었고, 넋굿과 같이 죽음으로 인해 발생한 문제를 풀어내는 방편들이 존재하였다. 그러나 거상기간이 백일탈상에서 3일·삼우제 탈상으로 축소되고 망자의 죽음을 위무해온 넋굿 역시 점차 현실적 기반을 잃어가는 가운데, 현대인은 이러한 완충장치를 거치지 않은 채 불안하고 아쉬운 마음으로 일상과 맞닥뜨리게 된다.

  죽음은 남은 자들에게 이를 수용하고 정리하기 위한 시간과 장치가 필요한 사건이지만, 탈상기간의 축소에서 알 수 있듯이 현대인의 삶은 이러한 마음을 자율적으로 실천하기 힘든 모순적 상황에 놓여 있는 것이다.

  이와 같은 죽음의례의 변화 속에서, 49재는 망자를 보다 좋은 곳으로 보내주기 위한 종교의례인 동시에, 죽음에서 비롯된 산 자들의 문제를 충족시키는 탈종교적 전통의례로 수용되고 있다. 49재 본래의 종교적 기능인 '천도' 이외에, 유교상례에서 담당해왔던 '탈상'이라는 사회적 기능과, 무속의 넋굿에서 주로 담당해왔던 '해원解寃'이라는 심리적 기능을 동시에 충족시키고 있기 때문이다.

  즉, 상을 당한 유족에게 있어 49재는 종교의례이기 이전에 탈상의례로 수용되고 있으며, 억울하게 죽은 망혼을 위로하고 산 자들의 슬픔을 해소하는 데 보다 적합한 방편으로 작용하고 있는 것이다.

유교 탈상의례의 수행

1970년대까지만 해도 민간에서는 3년상으로 탈상하는 경우가 드물지 않았다. 많은 가정에서 졸곡제를 대신한 백일제와 1주년 때 소상제를 지내고, 2주년이 되는 날 대상제를 지낸 뒤에야 그때까지 착용했던 건·상복 등을 모두 불태워 탈상하며 영좌도 철폐하였던 것이다.

그러나 1969년에 제정된 〈가정의례준칙〉에서도 알 수 있듯이, 이러한 전통상례는 근현대기를 지나면서 백일상으로 절충되어 전통과 현대를 잇는 과도기적 탈상기간으로 자리매김해왔다. 이후 개정을 거친 1999년의 〈건전가정의례준칙〉에도 상례기간은 동일하게 100일로 규정된 채 현재까지 이어지고 있다.

그런데 실제 10~20년 전부터 현대인들에게 백일탈상은 거의 지켜지지 못하고 있으며 삼우제로써 탈상하거나 장례를 마침과 동시에 탈상하는 경우가 많은 비율을 차지하고 있다. 따라서 부모의 죽음을 맞은 이들은 장례를 치른 후에 거상이라는 완충지대를 잃어버림으로써 불안하고 아쉬운 마음으로 일상과 맞닥뜨릴 수밖에 없게 되었다.

이렇듯 백일탈상은 부담스럽고 3일·삼우제 탈상은 아쉬운 이들에게, 49재는 사찰에 의뢰하여 치를 수 있는 간편한 탈상의례로 수용되고 있다. 서울·경기 지역 사찰을 대상으로 행한 필자의 49재 연구에 따르면, 무작위로 선정·조사한 12건의 사례 가운데 윗대에는 49재를 지낸 적이 없었던 경우가 7건을 차지하고 있어 49재의 탈상기능을 뚜렷이 부각시켜 주었다. 12개 사례 중 49재가 곧 탈상이 아닌 경우는 없었는데, 이는 불과 얼마 전까지만 하더라도 불교신자들에게 49재와 탈상이 별개의 개념으로 받아들여졌던 점을 생각하면 커다란 변화라 하겠다.

즉, 불교신자라 하더라도 백일이나 소상·대상 등

의 유교상례를 기본적으로 따르는 가운데 망자의 극락왕생을 위한 49재를 추가로 치러왔기 때문이다. 불교적 관점에서는 망혼의 중음기가 끝나는 49재가 곧 탈상이지만, 이와 무관하게 규범적 생활의례로 정착되었던 유교식 상례는 계속되었던 셈이다.

현재 49재를 치르는 가정의 상례사喪禮史를 살펴보면, 윗대부터 49재를 하면서도 거상을 별도로 지켜온 불교집안에서는 탈상기간이 대상 혹은 소상에서 백일로 단축되다가 49재에 통합되었고, 49재를 지내지 않던 집안에서는 점차 축소되는 탈상기간을 대체할 새로운 방편으로서 49재를 선택하게 된 것이라 하겠다. 아울러 망자를 보다 좋은 내세로 보내기 위한 의례적 근거를 갖추고 있을 뿐만 아니라, 장례 이후에 다시 망자의 죽음을 공론화하는 의례를 치름으로써 상주喪主의 명분을 드러낼 수 있다는 점 역시 49재의 수용을 높이는 요인으로 꼽을 수 있을 것이다.

특히 대부분의 의례는 1회의 실행으로 목적을 달성

하게 되지만, 49재는 마지막 날에만 치르는 것이 아니라 일곱 번에 걸친 7·7재로 완결된다. 따라서 49일이라는 의례기간이, 일상과 뚜렷이 구별되는 전통적 의미의 거상居喪에 보다 가까운 성격을 지닌다. 즉, 의례목표로 설정된 '망자의 극락천도'를 위해 7회에 걸쳐 점진적으로 나아가는 구도를 지님으로써 의례주체의 성취감이 고조되는 가운데 목표를 수행하는 단계적 상승효과를 지닌다는 것이다. 아울러 7일마다 거듭되는 일곱 번의 의례는 고인을 추모하고 남은 자들의 마음을 달래기에 적절한 의례주기라 할 수 있다. 따라서 한 회 한 회 거듭되는 의례구조는 '과정'의 중요성을 부각시키고, 남은 자들의 마음을 안정적으로 승화시키는 데 중요한 작용을 하는 것으로 여겨진다.

이처럼 불교신자가 아닌 이들이 49재로써 유교식 탈상의례를 별다른 갈등 없이 치를 수 있는 배경에는, 유교 상·제례의 핵심을 이루는 효와 조상숭배의 정신이 49재에도 동일하게 구현되고 있기 때문이다. 법당에는 불보살을 모신 상단과 신중을 모신 중단뿐만 아니라 망자를 위한 하단이 마련되어 있어, 이곳에 망자의 영정과 위패를 모시고 치르는 시식은 민간의 제사를 그대로 옮겨 놓은 모습으로 진행되고 있다.

시식의 단계는 유족이 주체가 되는 가운데 비신자라 하더라도 익숙하게 치르는 '재(齋) 속의 제(祭)'로서, 민간의 제사와 동일한 관념 하에 확고한 의례기반을 다져온 것이다. 이처럼 신성존재를 모신 성전에 세속의 존재를 위한 단을 마련하고 봉양토록 함으로써 부모와 조상을 섬기는 유교정신을 실천할 수 있는 천도재의 특성은 49재가 유교식 탈상의 대체의례로 자리하는 데 중요한 기반이 되어왔다.

무속 해원의례의 수행

무속에서 망혼을 보는 주된 관점은 죽은 자가 산 자에게 영향력을 미칠 수 있다는 것이다. 죽음은 불행한 사건이기 때문에 심한 부정(不淨)이 발생하며 부정은 죽은 이가 산 사람에게 탈을 낼 수 있는 힘을 지니고 있다고 믿기 때문이다. 곧 한을 품고 죽은 이들은 저승으로 쉽게 편입되지 못한 채 '이승도 저승도 아닌 곳'에 머물면서 현실에 영향력을 미치는 존재라 보는 것이다. 이처럼 억울한 죽음일수록 망혼이 지닌 힘은 강력한 것이라 여겨, 적절한 해원의례解冤儀禮를 통해 이를 풀어주어야 한다는 인식이 광범위하게 자리하고 있다. 따라서 넋굿을 하는 목적은 망자가 지닌 원한과 미련을 씻어주고 죽음의 부정을 제거함으로써 이승의 존재였던 망자를 저승으로 무사히 돌려보냄과 동시에 남은 자들의 재액초복을 기하려는 것이라 할 수 있다.

그런데 불교에서도 천도되지 못한 채 외롭게 중유의 세계를 맴도는 무수한 고혼의 존재를 인정하고 있다. 이러한 천도재의 특성으로 인해 집안에 우환이 잦고 일이 잘 풀리지 않을 때 이를 원혼에 의한 탈이라 여겨, 넋굿을 하는 것과 동일한 이유로 사찰을 찾아와 천도재를 하는 이들이 많은 비중을 차지하고 있다.

하던 사업도 잘 안 되고, 이유없이 몸이 아프기도 하고, 신병이 잘 들고, 그래서 병원에 가보면 신경성 뭐라고 해서 그냥 잠자는 약만 자꾸 줘 쌌고…. 근데 병도 잘 안 낫고 그러다가 결국 마지막에 절에 찾아와서 천도재를 하는 경우가 허다하게 있거든. 그래 49재 안 하고 지나갔다가 도저히 찜찜해서 못 견디겠다면서 날짜를 택해 천도재를 하기도 하죠 : 염불사 도ㅇ스님 2003. 5. 28 면담

이처럼 민간에서는 납득할 수 없는 고난이 닥쳤을 때 집안의 사망자 가운데 문제 있는 죽음을 돌아보면서 오랜 선조의 원한까지 찾아내어 해원의례를 하는, 무속적 접근방식과 동일한 필요성에서 사찰을 찾고 있다. 아울러 문제적 죽음의 해원을 위해 몇 번에 걸쳐 동일한 망혼을 대상으로 천도재를 지내기도 하고, 천도되지 못한 채 떠돌고 있는 먼 조상의 영혼을 불러오기도 하는 것이다.

필자의 49재 선행연구에서도 12개 사례 중 40~50대에 사고사 · 돌연사하여 악상惡喪에 속하는 경우가 4

건이나 차지하고 있어, 이와 관련된 시사점을 얻을 수 있었다. 이들 사례는 모두 윗대에 49재를 지낸 경험이 없을 뿐만 아니라, 종교적 성향 역시 망자의 경우 종교가 없거나 타종교 신자였고, 유족의 경우 49재의 결정권이 상대적으로 미약한 유족·친지 중에 불교신자가 있을 따름이어서 49재 선택의 특수성을 드러내고 있었다. 곧 젊은 나이에 갑작스레 세상을 떠난 억울한 죽음에 대해 '악상에는 이를 풀어주는 의례가 필요하다'는 민간의 관념 속에서 49재를 치른 경우였다.

> 주위에서도 젊은 사람이니까 49새 해줘야 한다고 말을 하더라구요. 절에 가서 하든지, 무술인한테 가서, 또 뭐 산에 가서 한대요. 호상 같으면 안 해줘도 되는데, 젊은 사람이니까 좋은 데로 가라고 해줘야 된다고 했어요 :
> 이○남42세, 인천시 부평구 거주. 2003. 6. 9 면담

> 저희는 절에서 49재 할 생각이 없었는데 엄마 친구분들이, 너무 일찍 돌아가셨으니까 엄마를 위해서 스님이 정성스럽게 해 주시면 엄마가 가는 데 좀 좋은 데로 가실

수 있다고…. 그렇게 돌아가신 거기 때문에 좋은 데로 보내고, 억울하지 않게 좀, 편하게 가시도록 해 주자고 그래서 하게 됐어요 : 이○원28세, 서울시 강서구 거주. 2004. 3. 28 면담

한 스님은 "옛날에는 어린 사람이나 결혼 안한 젊은 사람일 경우에는 49재를 잘 안 해 주는 경향이 있었지만, 요즘은 그런 영가들일수록 더 한이 많기 때문에 호상보다는 악상일 때 49재를 잘 해주는 것 같다."면서, 49재를 하는 이들 가운데 악상에 속하는 비중이 점차 증가하는 추세라고 보았다. 어리거나 미혼자의 죽음일 경우 예전에는 49재를 잘 해주지 않았으나 근래로 올수록 증가하는 경향은, 무속의 넋굿이 점차 현실적 기반을 잃어가는 현상과 밀접하게 관련되는 것으로 추정된다.

아울러 선행연구 사례에서 상을 당했을 때 넋굿을 치러왔던 집안이 4건이었고 이 중 2건은 49재도 넋굿도 함께 해온 집안이었지만, 현재는 1개 사례를 제외

하면 모두 굿을 하지 않은 지 오래되었다고 한다.

수십 년 전만 하더라도 관례적으로 진행되는 유교 상례를 제외할 때, 무속의 넋굿은 민간의 죽음을 다루는 가장 보편적 의례였다. 굿판은 유족과 망자의 슬픔과 억울함을 푸는 자리였고, 특히 나쁜 죽음일수록 이승에 대한 미련과 한이 깊을 수밖에 없어 '악상에는 굿을 해야 한다'는 관념은 광범위한 것이었다. 이러한 생각은 천도재를 치르는 이들에게도 동일하게 이어지고 있어, 무속에서 집중적으로 담당해온 해원의 기능이 '넋굿에서 천도재로' 점차 이전되는 경향을 드러내고 있다.

전통시대에 비해 무속의 기능은 약화되었지만 이러한 무속적 심성은 여전히 자리하고 있기 때문이다. 특히 이전에는 별도의 탈상기간을 지키는 가운데 넋굿이나 49재 등의 위령제가 행해졌으나, 백일탈상 등이 무화되면서 망자를 위한 통합적인 사후의례로 심적 부담이 따르는 굿보다 체계화된 기성종교가 보다 적합하다는 인식 역시 살펴볼 수 있다.

이러한 무속적 죽음 인식은 영혼관을 중심으로 49재의 의미 속에 깊숙이 내면화되어 있음을 알 수 있다. 49재에서 부각되는 방편적 영혼의 의미는 인격적 주체를 지닌 채 산 자들과 교류하는 존재, 곧 일정한 시기를 거친 후 사후세계에 거듭나지만 전생의 문제 또는 죽음형태로 인해 현세를 떠돌며 산 자들에게 영향력을 미치는 존재로 설정되어 있는 것이다. 특히 두 의례에 공통으로 존재하는 '씻음의 의식'은 청결·재생 등의 보편적 상징성을 넘어, 해당 죽음이 지닌 근원적 문제점을 해결한다는 의미와 밀접히 관련되어 있다.

03

근래 불교 죽음의례의 변화에서 주목해야 할 점의 하나로 49재가 국가적·사회적 죽음의 탈상의례로 일정한 역할을 담당하고 있다는 점이다.

국가적·사회적 죽음의 탈상의례

근래 불교 죽음의례의 변화에서 주목해야 할 점의 하나로 49재가 국가적·사회적 죽음의 탈상의례로 일정한 역할을 담당하고 있다는 점이다. 개인적 죽음은 물론이거니와 범국가적이거나 공공의 추앙을 받는 인물에 해당하는 국가적 죽음, 사회문제와 갈등에서 비롯된 사회적 죽음의 경우, 주검을 떠나보내는 장례로 마감하기에는 아쉽고 회한이 남게 마련이다.

죽음의 성격에 따라 고인에 대한 국민적 추모에서부터, 죽음이 지닌 의미를 공론화하고 사회공동체가 짊어진 짐을 함께 풀어나가기 위해, 그리고 죽음의 충격과 상실감에서 벗어나기 위한 방편으로 남은 자들이 무언가를 해야 한다는 당위성이 공동체에 존재하기 때문이다.

예컨대 용산참사 희생자와 같이 사회적 갈등으로 초래된 문제적 죽음을 맞아, 사찰을 벗어난 공간에서 종교를 초월한 일종의 위령제로 망혼을 천도하고 이를 공론화하는 49재가 활성화되고 있는 것이다. 이러한 천도재는 개별 사찰단위로 이루어지기도 하지만 주로 사회단체와 광범위한 연대를 이루는 가운데 행해지고 있어, 의례의 당위성에 공감하는 공동체 구성원이 모두 의례주체가 되는 천도재의 궁극적 모습을 드러내고 있다.

이러한 차원에서 행해지는 49재는 불교의례이지만 애틋하고 비통한 죽음의 문제를 풀어내는 '종교적' 의례이자 전통의례로 수용됨으로써 사실상 종교를 초월한 성격으로 진행되는 특성을 지닌다.

전국에서 동시다발적으로 치른 노무현 전 대통령의 49재 역시 국가행사로 진행된 국민장에 이어 자율적인 민간상례의 면모를 보여준 바 있다. 전·현직 대통령 등의 죽음이라 하더라도 장례를 벗어난 부분까지 국가에서 개입하기는 힘들며, 위로부터의 타율적·획일적인 개입이 불러올 부작용은 더욱 염려스러울 수밖에 없다. 따라서 국가행사와는 무관하게 자율적인 민간 차원의 상례가 필요에 따라 자연스럽게 도입되는 현상이 진행되고 있으며, 이러한 움직임의 근원에 49재의 역할이 두드러지고 있음을 살펴볼 수 있다.

국장·국민상과 같은 국가행사에서 특정종교의 비중이나 역할이 커질 경우 종교적 형평성을 잃을 수 있으나, 다수의 뜻을 담아 자율적으로 전개되는 민간의 의례라면 가장 바람직한 공동체의례가 될 수 있기 때문이다. 특히 지금까지 공론화된 죽음의례는 서울이나 고인의 연고지 중심으로 치러졌다면, 이러한 이슈화된 지역이나 핵심적인 의례주체와 무관하게 지역공동체에서 자율적으로 구성하고 참여하는 열린 의례의 가능성을 49재를 통해 제시한 셈이다. 이처럼 수도권 중심의 국민장, 연고지 중심의 상례에서 벗어난 노무현 전 대통령의 49재 사례는, 공론화된 죽음의 추모방식에 대한 새로운 모색을 자연스럽게 열어 놓은 것이라 여겨진다.

아울러 불교신자가 아니지만 49재로 탈상하거나 49일 상喪을 치르는 이들이 점차 늘어가고, 특히 사회적 죽음을 애도하는 탈종교적 의례로 확산되어 가는 데는 한국천주교의 보이지 않는 힘이 일부 작용한 것으로 여겨진다. 종교가 없는 이들이 49재를 선택하는 것은 자연스러운 일일 수 있지만, 타종교인 천주교에서 이를 수용함으로써 49재가 불교의례이기 이전에 전통의례로 인식되는 데 큰 역할을 하였기 때문이다. 천주교 내에서 이러한 논의는 비교적 이른 시기부터 진행되어, 1966년 전국전례위원회에서 49재를 한국의 전통의례로 수용하여 사십구일 연미사를 드릴 것을 건의, 채택한 바 있다.

무엇보다 국가적 죽음에 해당하는 김수환 추기경의 추모기간을 49일째 되는 날까지로 치른 것은 커다란 상징성을 지니는 것이었다. 이처럼 탈상에 해당하는 천주교의 추모기간이 49일로 관례화됨으로써 49일 탈상과 49재가 현대사회에 적합한 전통의례로 자리매김하는 데 주요한 역할을 하였다.

현재 한국천주교는 장례 후 맞이하는 삼우三虞 미사와 사십구일 미사를 전례典禮로 공식 인정한 것은 아니지만 금지하지 않아, 유족의 의사에 따라 다양한 연미사를 정하고 이웃들과 더불어 고인을 추모하고 있다. 물론 천주교에서 49재의 근거가 되는 불교 교리나 의례 자체를 수용한 것이 아니라, 사십구일 연미사를 통해 고인을 추모하고 상에서 벗어나는 차원의 수용이라는 점은 당연하다. 그런데 많은 이들이 49재의 '재(齋)'를 '제(祭)'로 여기며 '사십구일째 되는 날 지내는 제사'라는 보편적 개념으로 공유하는 가운데, '사십구일 연미사=49제=49재'의 의미로 수용하는 경우가 많다. 따라서 한국적인 제사를 미사봉헌으로 바꾼 것을 의미하게 되어 "천주교에서도 49제49재를 지낸다."는 말을 흔히 들을 수 있게 된 것이다.

그런데 이처럼 공론화된 죽음의 경우라 하더라도, 두 달에 가까운 전 기간을 추모의 시간으로 열어 놓는다면 관심과 의미가 희석될 수 있으나, 49재의 구조는 점진적인 과정과 주기적인 공론화를 통해 고인을 떠나보내는 데 적합한 의례라 하겠다. 국가적·사회적 반향이 큰 죽음에 대해 쉽사리 돌아설 수 없는 국민들의 추모열기가 매 7일마다 거듭되는 의례를 통해 종교적으로 승화되고, 각자 조금씩 떠나보낼 마음의 준비를 다져갈 수 있기 때문이다.

아울러 일주일마다 일곱 번 거듭되는 의례구조 역시 일주일을 단위로 시간을 인식하는 데 익숙한 현대인들에게도 적합성을 지닌다. 매주 같은 요일에 거듭되는 7일 간격의 의례는 명쾌하게 기억될 뿐만 아니라, 일주일이 7회 거듭됨으로써 총체적으로 다시 한 번 숫자 '7'을 각인시키는 기억의 리듬에 잘 부합되기 때문이다.

불교에서 공동체의례를 통해 죽음의 이면에 내재된 사회문제에 적극적으로 개입하는 모습은 삼보일배三步一拜의 오체투지五體投地를 통한 평화적 항거와 맥이 닿아 있는 듯하다. 종교공간을 벗어났더라도 더없이 경건하고, 문제에 대한 직설화법이 배제된 가운데 온몸으로 표현함으로써 더 크고 강력한 메시지를 전달하는 종교적 몸짓을 공유하고 있기 때문이다.

삼보일배에 타종교 성직자와 신도들이 적극 참여하고 있듯이, 천도재 역시 망혼을 위무하고 내세의 평안을 기원하는 가운데 사회문제 치유에 깊이 개입하는 의례적 의미와 적합성에 대한 초종교적 의미를 공유하고 있는 것이다.

49재는 분명 불교의례이지만 애틋하고 비통한 죽음의 문제를 풀어내는 '종교적' 의례이자 전통의례로 수용됨으로써 사실상 종교를 초월한 민상民喪의 성격을 띤 채 진행될 수 있는 것이다. 모든 억울한 죽음, 문제적 죽음을 껴안고 치르는 평화적 의례로서 천도재는, 국민들 스스로 공동체의 문제에 성찰하는 계기를 갖도록 하는 가운데 종교가 사회문제에 개입하는 가치로운 방법일 수 있다.

 이처럼 불교 죽음의례가, 요청에 따라 개별적으로 행하는 폐쇄적 구도에서 벗어나 광장으로 나아가는 현상은, 한국사회의 갈등과 문제를 공유하고 성찰하며 화합으로 이끄는 자생적 힘의 매개체로 기능할 수 있음을 의미한다는 점에서 앞으로의 행보가 주목된다.

제5장

사십구재 치르기

49재는 임종 후 망자가 다음 생을 받기 전까지 중유에 머무는 동안 사찰에서 치르는 불교상례이다. 이 기간은 유족에게도 거상居喪에 해당하여 탈상 때까지 일상과 분리된 상중喪中에 머물다가 49일째 되는 날 막재를 치름으로써 망혼은 내세로, 유족은 탈상하여 일상으로 복귀하게 되는 것이다.

　따라서 유족은 사찰에서 재만 올리는 것이 아니라 49일간 근신하는 시간을 가지면서 고인의 극락왕생을 위한 정성을 기울이는 것이 바람직하다.

　그러나 막상 49재를 치르는 이들은 사찰에서 의례가 진행될 때는 물론이거니와, 가정에서 이 기간을 어떻게 보내야 할 것인지에 대해 잘 모르는 경우가 많다. 49재는 스님이 주관하여 의례를 이끌어가기 때문에 독실한 불교신자가 아닐 경우 세부적인 절차와 의미를 잘 알 수 없지만, 스님들은 원만하게 의례를 치르는 데 몰두하게 되므로 진행 도중에 상세한 설명을 하기가 힘들다. 뿐만 아니라 49재를 치르는 시간 이외에 어떠한 마음가짐으로 어떻게 49일을 보낼 것인지에 대한 지침 역시 부족한 실정이다.

이처럼 의례를 잘 알지 못한다는 이유로 스님에게 모든 것을 미룬 채 재가 있는 날에만 절을 찾아와서, 남의 집 의례에 온 손님처럼 앉아 있다가 망자에게 잔을 올리고 절을 함으로써 상주 노릇을 다한 것으로 생각하는 경우가 많다. 이는 부모나 혈육을 떠나보낸 가족의 도리가 아닐뿐더러 49재를 행하는 참된 의미를 실천하지 못하는 셈이 된다.

따라서 5장에서는 실제 49재를 치르는 이들이 망자를 보다 좋은 곳으로 보내기 위한 종교의례이자 탈상의례인 49재를 충실하게 수행하기 위해 필요한 내용들을 살펴보고자 한다.

01 사십구재의 준비

불교신자가 아니라 하더라도 장사방식과 장지葬地에 대한 고민과 함께 49재를 할 것인지에 대해 생전에 미리 생각해두는 것이 바람직하다.

초상 이전의 준비

불교신자들은 연로한 부모를 모시고 있거나 병환이 깊은 가족이 있으면 49재를 미리 염두에 두게 된다. 불교신자가 아니라 하더라도 장사방식과 장지葬地에 대한 고민과 함께 49재를 할 것인지에 대해 생전에 미리 생각해두는 것이 바람직하다. 이때 중요한 것은 49재를 행하는 일이 당사자의 종교와 뜻에 어긋나지 않아야 한다는 점이다. 타종교 신자로 교리상 충돌하는 경우가 아니라면 대부분의 한국인은 불교의례를 배척

하지 않는 편이다. 그러나 만약 당사자가 타종교 신자로서 49재를 치르는 데 거부감을 지니고 있을 경우, 생전에 설득하여 수용한 상황이 아니라면 유족이 불교신자라 하더라도 49재를 하지 않는 것이 옳다.

특히 탈상을 위한 하나의 통과의례로만 여기거나, 불보살의 힘에 의존하는 종교의례로만 여겨 49재를 선택하는 것은 차선책에 불과하다. 최선은, 산 자들이 마음을 모아 정성을 다함으로써 고인을 좋은 내세로 보내드릴 수 있다는 믿음으로 49재를 선택하는 것이다. 아울러 불교신자이건 아니건, 가족의 죽음을 계기로 불교와 인연을 새롭게 다지면서 삶과 죽음의 문제를 성찰하는 가운데 살아갈 수 있어야 할 것이다.

49재를 치르는 곳은 당사자가 다니던 사찰이 가장 바람직하다. 간혹 당사자의 재적사찰이 있고 그 사찰에서 49재를 지낼 수 있는 역량이 있음에도 불구하고 큰절을 찾는 이들이 있다. 이는 보다 큰절에서 재를 올리고 싶은 유족의 마음 때문이겠지만, 고인에 대해 조금이라도 알고 있는 사찰에 의뢰하면서 함께 의논하는 가운데 일을 처리하는 것이 도움이 된다. 만약 불교신자가 아니거나 재적사찰이 없을 때는 유족 중 누군가가 다니는 사찰, 혹은 친지에게 추천을 받아 집과 멀지 않는 곳의 사찰을 정하는 것이 좋다. 49재는 한 번으로 끝나는 것이 아니라 일곱 번에 걸쳐 치르는 의례이기 때문이다. 물론 불편함을 감수하고서라도 평소 당사자나 유족과 특별한 인연이 있는 사찰 혹은 스님이 있는 곳을 찾을 수도 있을 것이다.

따라서 각자의 상황에 맞추어 부모의 49재를 어느 절에서 지낼 것인지에 대해 미리 생각해두는 것이 바람직하다. 만약 여러 사찰 가운데 선택해야 한다면, 규모가 크거나 스님이 많거나 재물을 많이 차리는 사찰을 찾기보다, 죽음을 맞은 유족의 입장에서 함께 의논하는 가운데 잘 이끌어주는 곳을 택하는 것이 좋다.

아울러 49재를 치르기로 한 사찰에서는 스님이 장례식장에 참석하여 망자를 위한 법문으로 시다림을

해 주는 것이 관례이다. 이와 별개로 사찰에 따라서는 신도들끼리 염불봉사상조회를 결성하여 상이 발생했을 때 장례식장을 방문하여 염불을 해주기도 한다. 따라서 보다 불교적으로 고인을 떠나보내고 싶은 이들은 평소에 이러한 신도활동에도 관심을 둘 만하다.

상이 발생했을 경우

임종 후 망자의 주검을 모시는 빈소殯所가 마련되기까지의 몇 시간은 경황없는 가운데 지나가게 마련이다. 따라서 대개 흩어져 있던 직계 존비속이 모인 빈소에서 상사방식과 49재를 의뢰할 사찰 등에 대해 구체적인 의논을 하게 된다. 사찰이 결정되면 해당 사찰에 연락하여 고인의 사망을 알리고 49재를 의뢰하며, 스님의 빈소 참석에 대해 의논하는 가운데 염습시간과 필요할 경우 발인시간과 장지 등을 일러준다. 이때 불교신자가 아니라면 49재를 하더라도 굳이 빈소에 스님을 초청하지 않아도 될 것이다.

전통적으로 신도들에게 상이 발생하면 스님이 빈소를 방문하여 망자를 위한 시다림尸陀林 법문을 들려주는 것이 관례이다. 시다림은 불교상례의 첫 단계로 망자가 죄업을 씻고 극락왕생할 수 있도록 불법으로써 인도하는 중요한 의미를 지니고 있기 때문이다.

특히 상례에서는 염습에서부터 입관까지의 시간을 중요하게 여기고 있어 스님의 방문 역시 염습시간에 맞추게 되고, 시다림을 행하는 가운데 염습과 입관의 절차가 진행되게 마련이다. 시다림을 행하는 동안 유족은 합장한 채 망자의 평안한 왕생을 기원한다.

이처럼 삼일장을 기준으로 살펴볼 때 스님의 방문은 둘째날 염습시간에 참석하여 한두 시간 의식을 행하는 경우가 가장 일반적인 가운데, 이틀 또는 사흘간 방문하거나 드물지만 장지까지 동행하는 경우도 있다.

불교신자 집안일 경우에는 빈소에 녹음된 경전·의식문을 틀어놓거나 신도들과 함께 경전을 읽으면서 망자의 평안한 왕생을 기원해도 좋을 것이다. 사찰 상조회의 도움을 받을 수 있다면 이들을 청하여 염불을 하는 것이 바람직하며, 장례식장과 무관하게 별도의 비용으로 불교식 장례를 대행해 주는 전문상조회사를 활용하기도 한다.

장례를 마치면 장지에서 바로 사찰에 가서 망자의 영정과 위패를 모시고 반혼재를 올려야 한다. 영정은 49재가 끝날 때까지 사찰에 모셔두었다가 마지막 날 소대에서 위패와 함께 태우기도 했으나, 근래에는 태우지 않고 집으로 가져가는 경우가 일반적이다. 위패는 사찰에서 준비하게 되므로 미리 망자와 상주의 이름을 일러주어야 한다.

아울러 49재를 하는 이들은 초재에서 막재까지 일곱 번의 재를 모두 치르는 것이 바람직하나, 상황에 따라 7·7재의 횟수를 조정하여 1·3·5·7재 또는 초하루·보름재로 줄이거나 막재만 지내기도 한다. 이에 대해서는 빈소에서 미리 결정하지 않고, 반혼재를 마치고 나서 사찰 측과 의논하여 결정해도 무방하다.

반혼재와 삼우제

49재는 7·7재라 하여 임종한 지 7일째 되는 날 지내는 초재부터 시작되는 것이라 여기기 쉽다. 그러나 실제 장례를 치른 유족이 망자의 영정과 위패를 사찰에 모시는 반혼재返魂齋에서부터 49재는 시작된다. 법당의 영단에 영정과 위패를 모시는 것을 '입재入齋한다'고 표현하는 것도 이때부터 망자를 위한 천도의례로 49재에 들어가게 되기 때문이다. 상황에 따라서는 장례를 마친 이후에 49재를 결정하게 되는 수도 있으므로 반혼재를 놓친 상태에서 진행해도 무방하다.

반혼재는 대개 1시간 전후의 시간이 소요되며 장례를 마친 후이므로 초재에서 6재까지보다 유족·친지 등 많은 이들이 동참할 수 있다. 유족은 장례 시의 상복을 그대로 입고 참석하면 된다. 그동안 사랑하는 가족을 잃은 채 장례를 치르느라 심신이 지친 상태에서 스님과 마주하여 종교적으로 위안을 받고, 앞으로의 49재를 잘 치를 수 있도록 의논을 충분히 나누는 것이 좋다. 이때 초재에서 6재까지 대략적인 참석자 수를 알려주어 사찰에서 공양을 준비할 때 참조할 수 있도록 한다.

반혼재 이후에는 초재를 치르면 되나, 전통 상례절차에 따를 경우 초재를 지내기 전에 우제가 오게 된다. 우제虞祭는 가정에서 지내는 유교상례에 적용되는 제사인데, 집으로 반혼하여 당일 초우제를 지내고, 재우는 초우 후 첫 유일酉日: 乙丁己申癸에, 삼우는 재우 후 첫 강일剛日: 甲丙戊庚壬에 지내는 것이 원칙이다. 그러나 근래에는 현대식으로 초우제 다음날 재우제, 그 다음 날 삼우제를 지냄으로써 연이어 3일간에 걸쳐 지내고 있다.

우제를 지내는 의미는 고인의 주검을 매장했으므로 몸을 떠난 혼이 방황할 것을 염려하기 때문이다. 따라서 간혹 49재를 입재한 이틀 뒤에 사찰에서 '삼우재'까지 지내달라는 유족도 있으나, 이미 반혼한 날 초우제에 해당하는 재를 지냈기 때문에 49재를 하는 경우

사찰에서 유교식 우제는 치르지 않아도 된다.

만약 장례를 마친 다음날부터 초재를 지낼 때까지 고인을 위해 아무것도 하지 않는 것이 서운하다면, 집에서 간단히 상청喪廳을 차려 놓고 자율적으로 제사를 지내면 더욱 바람직할 것이다. 즉, 반혼 당일에는 사찰에서 이미 재를 치렀으니 다음날부터 재우제와 삼우제를 지낼 수 있다는 것이다. 이와 관련하여 49재를 지내더라도 집에서 상식上食을 올릴 수 있는데 이에 대해서는 이후 '49일간의 마음가짐과 행동지침'을 다룰 때 살펴보기로 한다.

49재를 하지 않는 불자가족의 경우

불교신자라면 불·법·승 삼보의 보살핌 속에서 영가를 천도하는 것이 가장 바람직하지만, 여건에 따라 사찰에서 모시지 못할 경우도 있다. 사찰에서 49재를 지내지 않더라도 중유의 기간은 망자가 이승도 저승도 아닌 곳에 머무는 불안하고 민감한 시기이므로, 불교신자라면 집에서 49일 탈상을 치르는 것이 마땅하다. 따라서 집안의 조용하고 밝은 곳에 고인의 영정과 위패를 모신 작은 상청을 차려 놓고, 매일 상식을 올리는 가운데 불교의식을 행하면서 49일간의 거상기간을 보낸 후 탈상하는 것이 바람직하다.

이때의 불교의식은 정해져 있는 것이 아니므로, 고인의 생사해탈과 극락왕생을 기원하는 경전을 읽거나 지장염불 등과 같이 각자의 신행방식에 적합한 것을 택하면 된다. 아울러 망자의 극락왕생과 자신의 수행의지를 담은 발원문을 직접 작성하여 매일 기도할 때마다 읽고 마지막 날 태우면 공덕이 더욱 클 것이다.

02 사십구재의 실제

49재를 치를 때 유족이 명심해야 할 것은 스스로 49재의 주체라는 주인의식으로 행동해야 한다는 점이다.

49일간의 마음가짐과 행동지침

49재는 불교식 탈상의례로, 유족은 이 기간 동안 일상에서 벗어나 상중(喪中)에 머물고 있음을 잊어서는 안 된다. 사찰에서 재만 올리는 것으로 끝나는 것이 아니라 유족의 마음가짐과 정성이 중요하기 때문에, 일상생활에서도 근신하는 가운데 기도·독경·염불 등으로 고인의 극락왕생을 위해 마음을 모아야 한다.

불교신자가 아니더라도 정성에는 감응이 따르게 마련이다. 49재를 치르는 동안 정성을 다함으로써 망자가 보다 좋은 곳으로 편히 갈 수 있다는 믿음을 가지는 것이 무엇보다 중요할 것이다. 아울러 49재를 지냄으로써 나에게 돌아올 공덕을 생각하기보다는, 오로지 망자를 마지막으로 보내는 길에 마음을 모아 최선을 다한다는 생각이 필요하다.

따라서 탈상 때까지 다음과 같은 지침을 지킬 것을 권한다.

① 늘 망자를 위해 마음을 모아 기도한다.
② 집의 조용하고 깨끗한 곳에 작은 상청을 차려 놓고 매일 일정한 시간에 간단한 상식을 올리며 고인과 마음의 대화를 나눈다.
③ 시간을 정하여 지장경 · 아미타경 · 금강경 등의 경전을 독송하거나 사경을 한다.
④ 유흥장의 출입을 금하고 도박과 오락을 삼간다.
⑤ 망자의 극락왕생과 자신의 수행의지를 담은 발원문을 적어 하루 한 번씩 읽는다.

한편, 49재를 지낼 경우에는 법당에 망자의 영정과 위패를 모시고 매주 시식을 올리고 있기 때문에 집에서 상식을 올릴 필요가 없다고 보는 이들이 많다. 이와 같은 생각은 매우 일반화되어 있는데, 그 이유 중 하나가 여러 곳에다 모시면 영가가 오히려 혼란스러울 수 있다는 것이다.

그러나 동일한 망자를 여러 곳에 모시는 것은 아무 문제가 되지 않으며, 재가 있는 날에는 사찰에서 올리는 시식으로 대신하면 될 것이다. 무엇보다 중요한 것은 집에서 상식을 올리며 고인과 교감하고 정성을 기울이는 그 마음가짐이 천도의 원동력이 된다는 사실이다.

따라서 49재를 시작하면서 스스로 이러한 마음가짐을 다진다면, 보다 성찰적인 자세로 의례에 임하는 계기가 될 수 있으며, 신자가 아니더라도 의례목적이 분명해지고 의례를 마친 후의 만족도도 훨씬 높아질 것이다.

49재를 위해 준비할 것들

첫째, 재에 동참할 인원을 미리 점검하여 사찰에 통보한다. 이는 재를 마친 후 음복할 음식 등을 준비하는 데 참고하도록 하기 위함이다. 직계유족인 자식과 배우자는 가능하면 매번 참석하는 것이 좋지만, 초재에서 6재까지는 형편에 따라 시간이 허락하는 유족을 중심으로 돌아가면서 참석해도 무방하다. 특히 7·7재 중 가장 많은 인원이 참석하는 막재에서는 음식준비뿐만 아니라 인원이 많을 경우 큰 법당으로 장소를 바꿀 필요가 있기 때문에 미리 인원수를 알려주어야 한다.

둘째, 막재에서는 관욕에 사용할 비누·수건·치약·칫솔 등 세면도구와 망자의 한복·고무신 등을 재자가 직접 준비하게 된다. 세면도구는 영가의 삼업三業을 깨끗이 정화하는 데 필요한 상징물이며, 의복일습은 관욕을 마친 뒤에 갈아입는 새옷에 해당한다. 구체적인 내용은 사찰 측과 협의하여 진행한다.

셋째, 49일은 거상居喪의 기간이므로 집에서는 상복을 입지 못하더라도 재에 참석할 때는 가능하면 상복을 갖추는 것이 스스로의 마음가짐을 다지고 의례에 몰입하는 데 도움이 된다. 특히 막재는 탈상을 하는 의식이기도 하므로 상복을 정갈하게 갖추어 입고 참석하는 것이 바람직하다.

넷째, 막재에는 국화 등의 꽃을 준비한다. 꽃은 망자를 위한 불보살의 가피를 구하며 불단에 올리는 공양물이기도 하고, 망자를 추모하며 극락왕생을 축원하고자 영단에 올리는 상징물이기도 하다.

다섯째, 미리 상의한 바에 따라 재비용을 전달하게 되는데, 이에 대해서는 기본적으로 다음과 같은 개념이 필요하다. 49재는 삼보에 공양함으로써 그 공덕이 망자의 극락천도에 미치기를 기원하는 의례라 할 수 있다. 즉, 중생은 삼보에 재물을 바치는 재보시財布施를 하고, 삼보는 중생에게 진리와 가피를 베푸는 법보시法布施를 하여 수수관계가 성립되는 것이다. 이와 같은 구도는 모든 종교의 성립기반을 이루는 것이기도 하다. 대개 비용의 1/3은 상차림에, 1/3은 사찰경제에, 1/3은 스님에 대한 보시로 생각하면 합리적이다. 따라서 자신의 형편에 맞추어 의논한 다음 성의를 갖추어 준비한 비용을 내면, 사찰에서는 그 범위 안에서 음식·장엄·스님 초청 등의 문제를 조율하게 된다.

여섯째, 영가가 저승에서 사용할 노잣돈을 각자 준비한다. 영단에 절을 하기 전에 노잣돈 명목으로 놓는 돈은 대개 재를 진행하느라 고생한 스님의 별비로 지출된다. 밍사를 위해 수고하는 이들에게 정규금액 외에 성의를 표시하는 전통적 정서가 담긴 풍습으로, 소액이라도 성의껏 봉투에 넣어 준비한다.

사찰에서의 지침

49재를 치를 때 유족이 명심해야 할 것은 스스로 49재의 주체라는 주인의식으로 행동해야 한다는 점이다. 유족 중에는 스님에게 모든 것을 미루고 재가 있는 날에 참석하는 것으로 자신의 할 도리를 다한 것으로 여기는 이들이 있다. 의식집전은 스님이 하지만, 산 자들이 정성을 다해 고인의 평안한 왕생을 기원하는 것이 49재의 본래 목적이므로 자신의 기도를 스님에게 일임해서는 안 된다. 이러한 전제 하에 사찰에서 지켜야 할 지침을 살펴보면 다음과 같다.

첫째, 재를 시작하기 전에 여유 있게 도착하여 법당의 상·중·하단에 향을 피우고, 불을 밝히고, 다기의 물을 청정수로 갈아 채운 뒤 각 단에 삼배로 참배한다. 망자의 극락천도를 발원한 주체로서 진지하게 의례를 열어가기 위해 마음을 가다듬고, 스님의 지시에 따른다.

둘째, 의식이 시작되면 참석자의 수에 맞추어 좌복_{방석}을 배치하고, 의식집을 나누어 주고, 재물을 옮기는 일 등을 사찰 측에만 맡기지 말고 함께 행한다. 사찰에 비치되어 있는 의식집을 보면서 스님을 따라 일심으로 염송하며 상단권공 때 발원문을 불단 위에 바친다. 불단·신중단을 향했을 때는 충분히 절을 하면서 불보살과 신중의 가피로 망자가 보다 좋은 곳으로 왕생할 수 있도록 기원한다.

  셋째, 시식단계에서는 사찰 측에서 집사 역할을 하는 이의 지시에 따라 행동한다. 일반제사에서는 초헌·아헌·종헌을 맡은 이들 외에는 참례자가 합동으로 절을 하는 데 비해, 49재는 부부·친구끼리 모든 참석자들이 두세 명씩 순서대로 절을 올리며 참배하는 시간을 갖는다. 영단 앞에 서면 먼저 집사의 도움으로 잔을 올리고, 노잣돈을 놓고, 절을 한다. 2명 이상이 나갈 경우에는 둘 중 가까운 친족이 한 걸음 앞으로 나가서 잔을 올린 다음 나란히 서서 함께 절한다. 재배 또는 삼배 모두 무방하나 혼란스럽지 않도록 참석자들끼리 미리 횟수를 정한 뒤 행하는 것이 좋다. 영가에게 절을 마친 다음에는 돌아서서 의식을 진행하는 스님을 향해서도 절을 올려야 하는데, 이때는 한 번만 해도 무방하다.

넷째, 막재에서 관음시식을 하고나면 49일간의 주요한 의식이 모두 마무리되는 시점이다. 따라서 망자의 영정과 위패를 앞에 모셔놓고, 그동안 정성껏 의례를 치러준 스님들에게 망자와 함께 참석자 모두 삼배를 한다. 이때 사찰 측에서는 영단에 올라오지 못한 고혼들에게 헌식할 재물을 조금씩 떼어 담게 되는데 유족 측에서도 함께 돕는 것이 좋다. 법당을 나오기 전에 불단에 올렸던 발원문을 함께 가지고 온다.

다섯째, 소대에서 위패와 한복 등을 태울 때, 망자의 극락왕생과 자신의 수행의지를 적어 매일 한 번씩 읽었던 발원문을 함께 태운다.

여섯째, 재를 마치고 함께 음복할 때도 주인의식을 가지고 행동해야 하며, 손님처럼 앉아서 상을 받아서는 안 된다. 망자를 위해 유족이 차려야 할 상을 사찰에서 대신 준비해 준 것이라는 마음가짐으로, 참석자들에 대한 접대 및 설거지 등의 뒷마무리까지 소홀함이 없도록 해야 한다.

【 참고문헌 】

《阿毘達磨俱舍論》
《大正新脩大藏經》
《朝鮮王朝實錄》
가지노부유키(加地伸行) 지음, 이근우 옮김, 《침묵의 종교 유교》, 경당, 2002.
구미래, 〈백중과 우란분재의 발생기원에 관한 연구〉, 《比較民俗學》 25, 比較民俗學會, 2003.
구미래, 〈불교 천도재에 투영된 유교의 제사이념〉, 《한국민속학》 44, 한국민속학회, 2005.
구미래, 〈불교의례 齋物의 중층적 의미:천도재를 중심으로〉, 《종교연구》 44, 한국종교학회, 2006.
구미래, 〈'옷'을 매개로 한 불교 상례의 의례구조와 특성〉, 《한국민속학》 45, 한국민속학회, 2007.
구미래, 〈한국불교 천도재의 중층적 위상〉, 《역사민속학》 28, 한국역사민속학회, 2008.
구미래, 〈의례주체를 통해본 49재의 존재양상과 문제인식〉, 《비교민속학》

37, 비교민속학회, 2008.

구미래,《한국인의 죽음과 사십구재》, 민속원, 2009.

구미래,〈'일생'에 대한 불교적 관념과 불교 일생의례의 특성〉,《비교민속학》 39, 비교민속학회, 2009.

구미래,〈불교 죽음의례의 유형과 변화양상〉,《종교문화비평》 16, 한국종교문화연구소, 2009.

구미래,〈불교적 관점에서 본 공론화된 죽음에 대한 의례: 노무현 전 대통령의 죽음의례를 중심으로〉,《불교학보》 54, 불교문화연구원, 2010.

금장태,〈유교의 종교성과 유교: 천주교의 교류〉,《종교와 문화》 제9호, 2003.

金敬執,《한국근대불교사》, 경서원, 1998.

김정희,《조선시대 지장시왕도 연구》, 一志社, 1996.

김종명,《한국 중세의 불교의례》, 문학과지성사, 2001.

金鎭烈,〈輪廻說再考(Ⅱ): 輪廻의 方式과 薦度齋〉,《韓國佛敎學》 15, 韓國佛敎學會, 1990.

金泰坤,《韓國巫俗硏究》, 集文堂, 1981.

김태곤,《巫俗과 靈의 세계》, 한울, 1993.

김현준,《사찰, 그 속에 깃든 의미》, 교보문고, 1991.

金炯錄(印鏡),〈佛陀 誕生說話의 宗敎學的 意味〉,《韓國佛敎學》第二十四輯, 韓國佛敎學會, 1998. 11.

김호성 편저,《한국불교의식집》, 민족사, 1993.

김홍우 외,《불교전통의례와 그 연극·연희화의 방안 연구》, 엠애드, 1999.

대한불교조계종 포교원,《한글통일법요집: ①천도·다비의식집》, 조계종출판사, 2006.

文化財管理局 文化財研究所,《佛敎儀式》, 1989.

박연진,《영가천도와 49재》, 민족사, 2001.

법현,《영산재연구》, 운주사, 1997.

베츠, 오토 지음, 배진아·김혜진 옮김, 《숫자의 비밀》, 다시, 2004.
史在東 編, 《盂蘭盆齋와 目連傳承의 文化史》, 中央人文社, 2000.
徐宗梵, 〈현행 불교의식의 문제점〉, 《새로운 정신문화의 창조와 불교》, 동국대학교 불교문화연구원 편, 우리출판사, 1994.
宋賢珠, 〈現代 韓國佛敎 禮佛의 性格에 관한 硏究〉, 서울大學校 大學院 宗敎學科 博士論文, 1999.
沈祥鉉, 《佛敎儀式各論 II~VI》, 한국불교출판부, 2000~2001.
심상현, 《영산재》, 국립문화재연구소, 2003.
沈曉燮, 〈朝鮮前期 靈山齋 硏究〉, 東國大學校 大學院 史學科 博士論文, 2004.
安震湖 篇, 韓定燮 註, 《釋門儀範》, 法輪社, 2001.
安浩龍, 〈朝鮮前期 喪制의 變遷과 그 社會的 意味〉, 高麗大學校 大學院 社會學科 博士論文, 1989.
오형근, 《불교의 영혼과 윤회관》, 새터, 1995.
우룡, 《영가천도》, 도서출판 효림, 1999.
윤호진, 〈佛敎의 죽음이해〉, 《신학과 사상》 21, 가톨릭대학 출판부, 1997.
이경엽, 《씻김굿》, 한얼미디어, 2004.
이능화 지음, 이병두 역주, 《조선불교통사》 근대편, 혜안, 2003.
이석명, 《회남자》, 사계절출판사, 2004.
이은봉, 〈한국 의례문화의 이해: 한국인의 질병·죽음·재해를 중심으로〉, 《宗敎硏究》第18輯, 한국종교학회, 1999.
이은봉, 《한국인의 죽음관》, 서울대학교 출판부, 2000.
임재해, 《전통상례》, 대원사, 1990.
장철수, 《韓國의 冠婚喪祭》, 집문당, 1995.
정각(문상련), 《한국의 불교의례》, 운주사, 2001.
正覺, 〈불교 祭禮의 의미와 행법: 施餓鬼會를 중심으로〉, 《가정에서의 불교식 제사(齋)》, 한국불교장례문화연구회편, 2001.

鄭明熙, 〈儀式集을 통해 본 掛佛의 圖像的 변용〉, 《불교미술사학》 제2집, 통도사성보박물관 불교미술사학회, 2004.

정승석 편역, 《리그베다》, 김영사, 1983.

조흥윤, 《巫: 한국 무의 역사와 현상》, 민족사, 1997.

존 킹 지음, 김량국 옮김, 《수와 신비주의》, 열린책들, 2001.

최길성, 《한국민간신앙의 연구》, 계명대학교 출판부, 1989.

최인학 외, 《기층문화를 통해 본 한국인의 상상체계》 상·중, 민속원, 1998.

崔鍾成, 〈진오귀굿 薦度祭次의 연속성 연구: 신화와 제의의 관계를 중심으로〉, 서울대학교 대학원 종교학과 석사논문, 1995.

편무영, 《한국불교민속론》, 민속원, 1998.

한국종교민속연구회, 《종교와 조상제사》, 민속원, 2005.

허균, 《십이지의 문화사》, 돌베개, 2010.

홍윤식, 《영산재》, 대원사, 1991.

내 영혼의 작은책_신행·문화

사십구재

초판 1쇄 인쇄 | 2010년 11월 5일 · 초판 1쇄 발행 | 2010년 11월 10일

글쓴이 | 구미래 · 펴낸이 | 윤재승 · 펴낸곳 | 민족사

진행 | 성재영 · 책임편집 | 김창현
편집 디자인 | 김형조 · 영업관리 | 윤선미

등록 | 1980년 5월 9일(등록 제1-149호)
주소 | 서울시 종로구 수송동 58번지 두산위브파빌리온 1131호
전화 | 02)732-2403~4 · 팩스 | 02)739-7565
E-mail | minjoksa@chol.com · 홈페이지 | minjoksa.org

ⓒ 2010 구미래

※글쓴이와 협의하에 인지는 생략합니다.
※잘못된 책은 바꾸어 드립니다.

※값은 책 뒷면에 있습니다.

ISBN 978-89-7009-895-1 04220
ISBN 978-89-7009-890-6 (세트)

내 영혼의 작은책

내 영혼은 깊은 사색과 명상을 통해 작은 꽃을 피운다.

교리·입문

1. 사성제·팔정도_이필원
2. 육바라밀_성재헌
3. 업과 윤회
4. 무아·하심·무심
5. 깨달음·열반·해탈
6. 중도·연기
7. 마음·유식
8. 공의 이해와 실천
9. 계율
10. 극락과 지옥

수행·명상

1. 생활명상_김남선
2. 위빠사나_정준영
3. 절
4. 염불
5. 주력
6. 간경
7. 참선수행
8. 사경
9. 염불선
10. 티베트불교 수행법
11. 마음을 평화롭게 하는 10분 명상

신행·문화

1. 아미타불_여여법사
2. 사십구재_구미래
3. 관세음보살_김호성
4. 약사여래와 약사신앙
5. 나한과 나한신앙
6. 죽음을 극복하는 부처님말씀
7. 출가재일 성도재일 열반재일
8. 신중과 신중신앙
9. 문수보살과 문수신앙
10. 사천왕과 사천왕신앙
11. 우란분재
12. 생전예수재
13. 방생법회
14. 사찰예절
15. 불교상담법
16. 화를 극복하는 방법
17. 슬픔과 근심을 극복하는 법
18. 수험생을 위한 마음집중법